Mein kleines Buch vom Träumen

Roy Martina & Mayana

Mein kleines Buch vom Träumen

Wie wir die Botschaften unserer Träume für ein glückliches und erfülltes Leben nutzen

Hans-Nietsch-Verlag

Aus dem Niederländischen von Tanja Thielen
Redaktion: Jutta Oppermann
Korrektorat: Ute Orth
Covergestaltung, Innenlayout und Satz: Rosi Weiss

Hans-Nietsch-Verlag
Postfach 228
79002 Freiburg

info@nietsch.de
www.nietsch.de

ISBN: 978-3-939570-16-5

Möge dieses kleine Buch vom Träumen ...

... ein echtes Geschenk für jeden sein, der es in den Händen hält;

... die manchmal undurchdringlich wirkenden „Traum"-Pfade mit einem hellen Licht erleuchten;

... eine Gedächtnisstütze und Motivation sein;

... Sie darin unterstützen, die Pforten zu Ihren Träumen zu öffnen und das Land Ihrer Träume zu betreten.

Inhalt

Vorwort

Träume sind Wegweiser zur Wahrheit

Schon von klein auf hat mich die Frage beschäftigt, warum ich auf diese Erde gekommen bin und was meine Aufgabe hier ist. Träume haben mir sehr geholfen, die Antwort darauf zu finden.

Als kleines Mädchen habe ich mich fast jeden Morgen an den Traum der letzten Nacht erinnern können. Manche Träume haben mich tagelang beschäftigt. Und in der Stille vor dem Einschlafen habe ich über vieles nachgedacht: über das Wachsein, das Träumen und die Bereiche, die dazwischenliegen, und darüber, wie ich mit all dem verbunden zu sein schien. Ich habe mich oft gefragt, was real ist: das Träumen oder das Wachsein? Und was wäre, wenn beides nicht wahr wäre, wenn das einzig Wirkliche das wäre, was ich mit meinen Sinnen wahrnehmen kann? Und wenn das so wäre: Wer oder was wäre ich dann?

Damals wusste ich noch nicht, dass dies der Anfang einer lebenslangen Suche nach dem war, was wir „Wahrheit" oder „Wirklichkeit" nennen. Es war der Weg zu meiner Wahrheit, zu meiner Wirklichkeit. Im Laufe der Jahre hatten meine Träume immer größeren Anteil an der Suche nach meiner Wahrheit. Von einer meiner liebsten Freundinnen bekam ich zum achtzehnten Geburtstag mein erstes Traum-Tagebuch geschenkt. Meine Freundin nannte mich immer „Traumfrau“ und wir sprachen gern und regelmäßig miteinander über unsere oft unvorstellbaren Traum-Abenteuer. … Ich schrieb meine Träume immer öfter nieder und entdeckte, dass ich in ihnen Antworten auf Fragen erhielt, die mich bewegten, und dass sich manches, was mir vor dem Einschlafen unklar erschein, nach dem Erwachen aufgeklärt hatte.

Heute träume ich mich häufig vollkommen fit und manchmal auch ganz müde. Beim Aufwachen erinnere ich mich an meine Träume. Ich schreibe sie allerdings nicht immer auf … und so verlieren sie sich während des Tages und scheinen sich in nichts aufzulösen, um dann – in Abständen – immer wieder bruchstückhaft an mir vorüberzuschweben.

Roy hingegen erinnert sich meist gar nicht an seine Träume. Und ich bin manchmal neidisch darauf. Denn während ich oft nach der Aufregung der Nacht erschöpft aufstehe, scheint er ausgeruht und entspannt zu erwachen aus dem Land der stillen Träumer, der „Wissenden“, die es scheinbar nicht nötig haben zu träumen. Dennoch kann er die „Traumwelt“ immer wunderbar deuten. Ich träume und sehe, höre und fühle und er „weiß“ es einfach.

In meinen Workshops und in meiner Praxis, in der ich mit Menschen daran arbeite, dass sie intensiver mit ihrem Herz und ihrem Gefühl in Kontakt kommen, sprechen wir oft über unsere Träume. Über Träume, die einen tiefen Eindruck hinterlassen haben, und über solche, deren Bedeutung sich den Träumenden nicht erschließt und die sie dennoch nicht einfach loslassen können. Ist Letzteres der Fall, kann der Traum helfen, dass wir mehr in Verbindung kommen mit dem, was im Herzen des Träumenden lebt. Die Symbolik eines Traums verwende ich häufig, um den Betreffenden durch Visualisieren wieder mit dem Traum in Kontakt zu bringen, damit er die Botschaft des Traums entdecken kann.

Nutzen wir unsere Träume dazu, die Quelle der Weisheit in uns selbst zu öffnen, dann helfen sie uns dabei, die Pfade zu meiden, von denen wir bereits wissen, dass sie uns nicht in die Freiheit führen. Ihre und meine Träume sind Zeichen am Wegesrand, sie sind leuchtende Wegweiser hin zur Bewusstwerdung und zur Wahrheit.

Liebe Leserinnen und Leser, möge dieses kleine Buch Sie beim Lesen inspirieren. Es zu schreiben, das will ich Ihnen an dieser Stelle gestehen, war auf jeden Fall eine wahre Inspiration.

„Reite den Wind, er bringt dich zu den Plätzen deiner Träume!"

Mayana
Florida, im Herbst 2007

Vorwort

Träume unterstützen unseren Bewusstwerdungsprozess

Als Kind hatte ich regelmäßig Albträume, in denen mich Teufel verfolgten und in denen ich in tiefe Abgründe fiel. Häufig kamen diese Träume, wenn ich „frech“ gewesen war, oder sonntags, nachdem ich in der Kirche im Gottesdienst daran erinnert worden war, dass der Teufel Jungs wie mich in der Hölle schmoren lässt. Weil diese Träume so schrecklich waren, habe ich es mir damals ganz abgewöhnt, mich an sie zu erinnern. Dafür habe ich mir angewöhnt, mir meine Zukunft zu erträumen: wie ich älter werde und dabei fit bleibe, wie ich verschiedene Dinge besser erledigen kann als jüngere Menschen und wie gut ich im fortgeschrittenen Alter aussehen werde. Heute erinnere ich mich an meinen nächtlichen Traum nur dann, wenn ich mitten in der Nacht wach werde. Ich bin kein intensiver Nacht-Träumer, ich bin eher ein „Tagträumer“.

Ich kann tagsüber oft stundenlang träumen und dabei die schönsten Abenteuer erleben. Außerdem bin ich ein Meister im Visualisieren, bevor ich schlafen gehe. In den Augenblicken, wenn ich gerade noch wach bin, begegnen mir alle möglichen Dinge: Schutzgeister, Engel, die Zukunft, neue Ideen und so weiter. Ich nehme in diesen Momenten sehr viel wahr und es fließt mir eine Fülle von Informationen zu. Meine Eingebungen und meine Erkenntnisse kommen in Worten und in Bildern zu mir. Manchmal ist es so, als wären dies die Träume, die ich im Schlaf nicht habe bzw. an die ich mich nicht erinnere.

Seit vielen Jahren bin ich schon als Arzt tätig und habe Tausende von Patienten behandelt. Viele von ihnen haben mir erzählt, was sie während der Behandlung träumten. Das hatte gravierende Auswirkungen auf meine Arbeit: Ich erkannte immer mehr, dass Träume wichtige Informationen über den Bewusstwerdungsprozess der Menschen enthielten. Sie vermittelten Einsichten, die im Zusammenhang mit ihren Krankheiten und ihren körperlichen Beschwerden standen. Ich lernte Schritt für Schritt, die Träume zu verstehen, sodass ich sie nutzen konnte, um den Heilungs- und Bewusstwerdungsprozess meiner Patienten zu unterstützen.

Im vergangenen Jahr flogen Mayana und ich nach Indien, um dort eine Ayurvedakur zu machen. Die Ärzte machten uns darauf aufmerksam, dass man während des Entgiftungsprozesses oft intensiv träumt. Sie erklärten uns, dass in den Träumen unsere Kindheit aufgearbeitet werden könne. Und in der Tat: Mayana hatte solche Träume. Auch bei mir schwebten ab und zu Nebelschwaden von Träumen vorbei, die mir Bilder der Vergangenheit und manchmal sogar Bilder aus früheren Leben zeigten.

Meist erzählt mir Mayana morgens in schillernden Farben von ihren

Traumreisen der vergangenen Nacht. Oft beschäftigen wir uns gemeinsam damit, um alle Schatten darin zu erkennen und so die persönliche Entwicklung und die Bewusstwerdung zu fördern. Ab und zu kommt es auch vor, dass Mayana etwas träumt, was eine Botschaft enthält, die für mich bestimmt ist. Und regelmäßig empfange ich Botschaften oder Informationen, die wiederum für sie gedacht sind.

Ich habe erkannt, dass Träume und das, was wir „Realität“ nennen, sehr eng zusammenhängen, oft sogar miteinander verwoben sind. Träume können unsere Wirklichkeit also stark beeinflussen. Und umgekehrt kann unsere tägliche Realität auch in unsere Träume einfließen.

Aber welchen Sinn hat das? Warum träumen wir eigentlich? Wo sind wir in unseren Träumen und wie können wir unsere Träume nutzen, um Gutes zu bewirken? Sind wir denn überhaupt wirklich wach, wenn wir uns im „Wachzustand“ befinden? Diesen und anderen Fragen möchten wir in *Mein kleines Buch vom Träumen* nachspüren.

Ich hoffe und wünsche mir, dass die Erfahrungen und „möglichen Wahrheiten“, die Sie hier finden, Ihre Träume beflügeln werden.

Roy Martina
Florida, im Herbst 2007

Kapitel 1

Träume und Realität

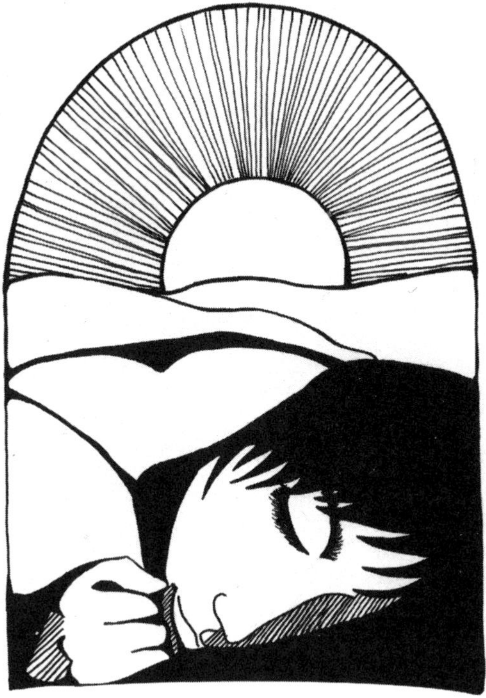

In anderen Kulturen wird unsere dreidimensionale Realität häufig „Traumwelt“ genannt. Gemeint ist, dass wir gemeinsam unsere Realität träumen. Für viele Menschen hierzulande ist diese Sichtweise sehr weit entfernt von der eigenen Wirklichkeit. Sie sind davon überzeugt, dass allein das, was sie sehen, fühlen, riechen, hören, schmecken – die fünf Sinneswahrnehmungen –, echt sein kann und dass außerhalb dessen nichts existiert. Nicht selten belehren Eltern ihre Kinder, die „etwas“ sehen oder mit „etwas“ sprechen, das die Erwachsenen selbst nicht wahrnehmen können, dass das, was sie sehen und hören, Fantasie sei und nicht „wahr“. Mit dieser angelernten „Gewissheit“ im Hinterkopf verlieren wir schon in den frühen Jahren unseres Lebens den Kontakt zur anderen Realität.

Es gibt Schamanen, die glauben, dass im „Wachzustand“ erst dann etwas geschieht, wenn es zuvor „geträumt” worden ist. Außerdem sehen sie diesen Zustand als einen gemeinschaftlichen Traum an. Für Schamanen gibt es zwei Welten. Demnach träumen wir, dass wir ein Mensch sind, der wiederum etwas träumt. In beiden Traumwelten ist die wahre Realität – wer wir wirklich sind – verborgen. Und derjenige, der gerade träumt, dass er diese Zeilen liest – wer ist das? Wer ist derjenige, der das hier liest? Ist er derjenige, der träumt, ein Mensch zu sein? Oder ist er der Traum desjenigen, der träumt ein Mensch zu sein?

Verwirrend, nicht wahr? Ahnen Sie allmählich, wie weit wir von unserer wahren Realität entfernt sind? Vielleicht beginnen Sie jetzt zu verstehen, warum so viele spirituelle Menschen immer wieder darauf hinweisen, dass das, was wir als Realität erleben, nur eine Illusion ist, eine geträumte virtuelle Dimension, die von Natur aus begrenzt und eine Vereinfachung unseres unbegrenzten Selbst ist.

Natürlich verwirrt uns diese Mehrdimensionalität, denn wir müssen innerhalb der Illusion den Weg hin zu unserem authentischen Selbst finden. Hinweise auf unser wahres Selbst geben uns Träume und Synchronizitäten (scheinbar zufällige, aber bedeutungsvolle Ereignisse, schicksalhafte Fügungen). Unsere Aufgabe ist es, so gut wie möglich auf diese Zeichen zu achten und von ihnen zu lernen. Dann können wir Unverarbeitetem aus unserer Vergangenheit einen Platz im Hellen geben und es dort genau betrachten – so bleibt das Unverarbeitete nicht länger als Spannungsfeld in unserer dreidimensionalen Illusion zurück.

Die dreidimensionale Welt – ein Spiel für unsterbliche Seelen

Unsere wahre Realität ist, dass wir unsterbliche Seelen sind, die diese Erde für begrenzte Zeit bewohnen und freiwillig in diese dreidimensionale Welt gekommen sind. In dieser irdischen Realität handeln wir nach bestimmten Regeln, wir haben feste Abkommen getroffen, was wirklich ist und wer die Schlüsselfiguren sind, mit denen wir bestimmte Abenteuer erleben werden. Man könnte das Leben auch als ein „Spiel unsterblicher Seelen" bezeichnen.

Um das zu verstehen, träumen wir uns doch zunächst einmal an den Ort, von dem wir kommen: Dies ist ein himmlischer Ort wie in einem Bilderbuch, an dem alles vollkommen ist. Alles ist hier in Ordnung und reine, bedingungslose Liebe ist stets gegenwärtig. Wir nennen einen solchen Ort zum Beispiel „Paradies" oder „Garten Eden". An diesem Ort voller Harmonie gibt es keine lineare Zeitachse – es ist die Traumstadt der Unendlichkeit, das Zuhause der unsterblichen Seelen.

An diesem himmlischen Ort träumen wir Seelen bisweilen davon, wie es wäre, sich in einer Welt aufzuhalten, die nicht harmonisch und geordnet ist. Von Zeit zu Zeit beschließen wir also, gemeinsam ein Spiel zu spielen, bei dem wir die Vollkommenheit verlieren und einige Handicaps mit auf den Weg bekommen: Wir erhalten einen plumpen Körper mit begrenzter Intelligenz und ein sehr eingeschränktes Wahrnehmungsvermögen mit nur fünf Sinnen. Uns wird ein langsam arbeitendes Nervensystem gegeben, das Schmerzen und Gefühle wahrnehmen kann. Unsere Körper funktionieren unterschiedlich gut. Sie bauen mit der Zeit mehr und mehr ab und hören schlussendlich ganz auf zu funktionieren. Teil des Spiels ist es, dass wir vergessen, was wir eigentlich sind: unsterbliche Seelen. Unsere Aufgabe ist es, auf spielerische Weise zu entdecken, was wir sind und was wir nicht sind. Träume können uns dabei helfen, hinter die dreidimensionale Illusion zu schauen und unser wahres Selbst zu erkennen.

Was wir aus unseren Träumen lernen können

Träume beeinflussen unseren Alltag, unsere Realität – ebenso wie unsere tägliche Realität Ausdruck in unseren Träumen findet. Dass sich Traum und Wirklichkeit wechselseitig beeinflussen, zeigt das folgende Erlebnis einer Frau, die in Mayanas Praxis kam, weil sie Probleme in ihrer Partnerschaft hatte. Die Klientin berichtete Mayana von einem Traum, den sie wenige Nächte zuvor gehabt hatte:

„Ich wurde wach und war sehr wütend auf meinen Mann Theo. Ich glaube, das Erste, was ich tat, war, dass ich ihm tatsächlich leicht auf den Kopf schlug, während er noch halb schlief. So echt und wahr fühlte sich das in meinem Traum Erlebte noch an.

In meinem Traum erlebte ich intensiven Schmerz, Wut, Traurigkeit und Verwirrung, nachdem Theo mir aus heiterem Himmel gesagt hatte, dass er mich überhaupt nicht mehr liebe. Fröhlich verkündete er mir, dass er mich schon eine ganze Zeit lang nicht mehr liebe und dass er nur deswegen bei mir bleibe, weil es so bequem sei. Während des Gesprächs, das wir in dem Traum führten, war er vollkommen gleichgültig und gefühlskalt. Er schien überhaupt kein Mitgefühl mit mir zu haben. Ich schrie und schlug ihn im Traum, weil ich nicht verstehen konnte, woher diese Kälte kam – so plötzlich und ohne Vorwarnung. Dann fragte ich mich traurig, wie ich ohne ihn weiterleben sollte. Ich fühlte mich verloren und war ratlos.

Als ich aus dem Traum erwachte, konnte ich die Wut und die Hilflosigkeit noch in meinem ganzen Körper fühlen, und obgleich ich tief in mir wusste, dass es „nur" ein Traum gewesen war, konnte ich nicht ruhig und neutral bleiben. Vielleicht deshalb, weil ich befürchtete, dass der Traum tatsächlich eine Bedeutung haben könnte. Ich hatte bereits öfter hellsichtige Träume gehabt. Warum sollte das nicht auch solch ein Traum gewesen sein? Und so war ich davon überzeugt, dass mein Traum mit etwas Wahres gezeigt hatte, dass Theo tatsächlich etwas vor mir verbarg und mich nicht mehr wirklich liebte.

Ich fühlte mich den ganzen Tag schlecht. Ich war streitlustig und, im Nachhinein betrachtet, eine furchtbare Zicke. Ich versuchte alles, um eine Antwort aus Theo herauszupressen. Ich wollte, dass er zugab, dass er mich tatsächlich nicht mehr liebe – schon lange Zeit nicht mehr – und dass ihm unsere Beziehung nichts mehr bedeute. Je mehr er beteuerte, dass dies nicht so sei, umso überzeugter war ich davon, dass er nicht die Wahrheit sagte."

Mayana erinnert sich genau daran, was nach der Schilderung des Traums geschah:

„Gemeinsam mit meiner Klientin habe ich herzlich darüber gelacht, welche Gefühle Träume wecken können und welch starken Einfluss sie auf uns haben. Wir versuchten gemeinsam, den Traum meiner Klientin näher zu ergründen, damit sie ihre Angst in der Partnerschaft bewältigen konnte. Der Frau war klar, dass sie seit dem Traum ihrem Partner gegenüber eine Haltung einnahm, die Ängsten und Befürchtungen entsprang, nicht jedoch auf wirklich starken Argumenten beruhte. Meine Klientin benahm sich ihrem Lebensgefährten gegenüber ungerecht und gereizt. Damit machte sie es ihm praktisch unmöglich, mit ihr über die aus Angst geborenen Gedanken und Bilder zu sprechen und sie eventuell als Trugbilder zu entlarven.

Wir fanden schließlich heraus, dass der Traum auf ein unverarbeitetes Ereignis im Leben der Klientin zurückging, das im Zusammenhang mit der Scheidung ihrer Eltern vor etwa zwanzig Jahren stand: Es hatte zu tun mit der Angst ihrer Mutter und damit, dass ihr Vater die Familie verlassen hatte. Er hatte damals gesagt, dass er ihre Mutter eigentlich schon seit längerer Zeit nicht mehr liebe und die gemeinsame Zeit für ihn nun vorbei sei. Meiner Klientin wurde bewusst, dass sie dieses Erlebnis in sich trug und diese Angst auf ihre eigene Beziehung projizierte.

Wir arbeiteten so lange daran, bis sie die Angst vollkommen loslassen konnte. Von da an konnte sie viel besser spüren, ob es da tatsächlich etwas gab, was nicht in Ordnung war in ihrer Beziehung. Sollte das einmal der Fall sein, würde sie den großen Schmerz der Trennung ihrer Eltern nicht mehr aus der Vergangenheit in die Gegenwart projizieren.“

Solange wir solche Verletzungen nicht auflösen, neigen wir dazu, entsprechende Situationen in unserem Leben anzuziehen. Hiermit versucht unsere Seele, uns wieder die Möglichkeit zu geben, unseren Schmerz zu heilen. Unsere Träume sind hierbei ebenfalls ein Mittel, um solche noch nicht überwundenen Verletzungen zu heilen. Träume sind Spiegel unseres Geistes und unserer Seele. – Ein Spiegel wählt nicht aus, was er reflektiert und was nicht: Er reflektiert alles. So verhält es sich auch mit unseren Träumen: Sie zeigen, was tief in uns verborgen liegt.

Nachdem meine Klientin erkannt hatte, dass ihre Wut nichts mit dem Jetzt zu tun hatte, sondern einzig und allein die Reflexion eines unverarbeiteten Vorfalls aus ihrer Vergangenheit war, verlor ihre Wut an Kraft; sie beherrschte sie nicht mehr und verschwand allmählich aus ihrer Realität. Und nun konnte sie wieder objektiv und mit Liebe auf ihre Partnerschaft schauen.

Mit Träumen die Illusion des Alltags durchschauen

Träume helfen uns, die Illusionen unseres Lebens, die wir fälschlicherweise für real halten, zu durchschauen. Träume sind also der Spiegel unserer Seele. Er lässt uns erkennen, wer wir wirklich sind. Jeder Traum ist die Reflexion eines Teils unseres Seins und eine feine, undeutliche oder manchmal auch ganz konkrete Botschaft aus unserem Unterbewusstsein. Alles, was wir erleben, müssen wir verarbeiten, und zwar auf der Ebene unseres wahren Selbst. Und was gerade nicht auf diese Weise verarbeitet werden kann, wird gespeichert, bis wir später in der Lage sind, die Illusion zu durchblicken.

Um hinter die dreidimensionale Realität zu schauen und sich selbst zu erkennen, müssen wir uns bewusst werden, dass wir aus dem „Land" der reinen Liebe kommen und selbst nichts anderes sind als reine Liebe.

Solange wir in der Illusion des Mensch-Seins gefangen sind und aus der Illusion negativer Wahrnehmungen wie Schmerz und Ablehnung heraus reagieren, solange wir nicht erkannt haben, dass das Leben ein Spiel ist, sind wir nicht wir selbst. Die Gesetze des Karmas sorgen dafür, dass wir diese weltlichen Sorgen immer wieder erfahren, bis wir die Illusion durchschauen und alles aus dem Zustand der reinen, bedingungslosen Liebe heraus wahrnehmen können.

Traumreise

Wir sind alle auf einer Traumreise.
Auf einer Traumreise in unsere Freiheit, zu einem Gefühl von Freiheit.
Die Reise mag lang oder kurz sein; sie mag dem Reisenden gefallen oder schwierig erscheinen.
Einmal, früher oder später, werden wir dort ankommen, wo die Fesseln von unseren Beinen genommen werden.
Dann werden wir wieder Freiheit erleben:
Wir werden frei sein von den selbst auferlegten Begrenzungen.
Eines Tages wird das Band, das sich um unser Herz gelegt hat, abfallen.
Der Schlüssel liegt oft näher, als wir denken.
Folge deinen Träumen; sie weisen dir den Weg!
Ohne die Fesseln um unsere Beine und ohne das Band um unser Herz

werden die Gelehrten Hand in Hand stehen mit den ärmsten Gefangenen. Und sie werden gemeinsam aufgenommen werden in die Bruderschaft des Lichts.
Erst wenn wir aus dem Traum erwachen, den wir „Leben" nennen, können wir wirklich zu träumen beginnen.

Traum-Tipps

Um einen besseren Einblick in den Prozess des Träumens zu gewinnen und um Ihre „Traumsprache" besser verstehen zu lernen, ist es sinnvoll, die Aufmerksamkeit auf wichtige Einzelheiten in Ihren Träumen zu lenken. So lernen Sie, anders auf Ihren Traum zu blicken und letztlich vielleicht auch anders auf die „Traumszenen" Ihres Lebens zu schauen. Folgende Fragen werden Ihnen helfen, Ihre Träume zu verstehen:

- Wer spielte die Hauptrolle in Ihrem Traum?
- Wer besetzte die Nebenrollen?
- Waren Sie selbst Darsteller in Ihrem Traum oder haben Sie von außen zugesehen?
- Was verrät Ihnen das über Sie und Ihr Leben?

- Wie fing Ihr Traum an, wie endete er und was war der Höhepunkt darin?
- Gab es etwas Besonderes in Ihrem Traum?
- Woran lässt Sie das – übertragen auf Ihren Alltag – denken?
- War es Tag oder Nacht in Ihrem Traum?
- Gab es bestimmte Zahlen, Namen oder Daten, die in Ihrem Traum vorkamen und mit denen Sie etwas Bestimmtes verbinden?
- Was hat Ihnen in Ihrem Traum besonders gefallen und warum hat es Ihnen so gut gefallen?
- Was hat Ihnen in Ihrem Traum überhaupt nicht gefallen und warum?
- Was könnte Ihre Seele Ihnen mit dem Teil Ihres Traums, der Ihnen gar nicht zugesagt hat, mitteilen wollen?

Betrachten Sie Ihren Traum nun noch einmal – wie einen faszinierenden Film, dessen Zusammenhänge Sie unbedingt begreifen wollen, damit Sie den Film als Ganzes besser verstehen. Und stellen Sie sich folgende Fragen:

- An welche Situation aus Ihrer Vergangenheit erinnert Sie dieser Traum?
- An welche Situation aus Ihrer Gegenwart erinnert Sie dieser Traum?

- Was können Sie aus diesem Traum für Ihr Leben lernen beziehungsweise welches Geschenk hält der Traum für Sie bereit und wie können Sie das Gelernte in Ihr Leben einfließen lassen?
- Welche Einsichten haben Sie gewonnen, nachdem Sie all diese Fragen für sich beantwortet haben?

Kapitel 2

Träume und ihre Botschaften

Im Verlauf vieler Jahrhunderte glaubten Menschen, dass man mit Träumen Herausforderungen meistern kann, dass Träume Botschaften für die Menschen enthalten und ihnen in schwierigen Zeiten den Weg weisen. Einige Völker hatten sogar Rituale, um diese Art von Träumen zu fördern. Die alten Ägypter, Chinesen und Griechen glaubten so fest an die Kraft der Träume, dass sie einen speziellen Ort für den „Tempelschlaf" auswählten. Sie hofften, die Gottheit dieses Platzes würde ihnen dabei helfen, den richtigen Traum zu haben. Im Allgemeinen war der Ort, an dem geträumt wurde, in frühen Kulturen das wichtigste Element, um den richtigen Traum zu finden. In dem sogenannten „Traumtempel" oder *Serapeum*, benannt nach der altägyptischen Gottheit Serapis, konnte man die Nacht vor einer wichtigen Entscheidung verbringen. Hohe Staatsbeamte in China schliefen vor wichtigen politischen Treffen ebenfalls in speziellen Tempeln. Sie hofften, dass die Weisheit des Traums sie bei ihren politischen Entscheidungen unterstützen würde.

Die Griechen bauten mehr als dreihundert Traumtempel, deren Ruinen man bis heute besuchen kann. Der Träumer verbrachte die Nacht in einem besonderen Raum des Tempels und erhielt am nächsten Morgen von einem weisen Traumdeuter Hilfe bei der Deutung des Traums. So war der Tempel ein Ort der Lebensberatung, um wichtige Entscheidungen zu treffen oder Entschlüsse zu fassen.

Wegweiser für das alltägliche Leben

Im Alter von sechzehn Jahren beendete ich die Schule als Klassenbester mit dem Abschluss *Cum laude*. Mit diesem Zeugnis wurden mir einige Stipendien angeboten. Eines kam von *Esso*, für das ich einen Ingenieurstudiengang in Amerika absolvieren sollte. Das Unternehmen bot mir sogar einen Vertrag an, der mir einen sehr gut bezahlten Arbeitsplatz mit interessanten Aufstiegschancen nach dem Abschluss des Studiums sicherte. Es war ein luxuriöses und lukratives Stipendium, beinahe doppelt so hoch dotiert wie andere Stipendien. Von der Firma *Esso* wurde es in dieser Form nur den talentiertesten Schülern angeboten. Ein zweites Stipendium stellte mir die holländische Regierung in Aussicht. Hier durfte ich selbst entscheiden, welche Studienrichtung ich einschlagen wollte.

Ich wusste damals allerdings noch nicht sicher, welchen Beruf ich wählen sollte. Ständig bewegten sich meine Wünsche zwischen Arzt, Pilot, Ingenieur und Architekt. Ich liebte das Fliegen, aber ich fand es auch herrlich, zu bauen und zu zeichnen. Früher, als ich klein war, spielte ich regelmäßig Doktor und habe auf Curaçao so manche Eidechse erfolgreich mit dem Küchenmesser operiert. Unter dem Protest meiner Mutter brachte ich damals des Öfteren kranke Tiere mit nach Hause.

Eine Zeit lang grübelte ich darüber nach, was ich denn nun studieren sollte. In dieser Phase intensiven Nachdenkens lag ich an einem ruhigen Nachmittag dösend in meiner Hängematte. Ich sank langsam in einen Traumzustand und beobachtete mich selbst bei meiner Arbeit: Ich operierte Kinder an der Gaumenspalte. Ich sah mich in dem Traum auch um die ganze Erde zu kranken Kindern fliegen, um ihnen zu helfen. Alles war in diesem Traum kristallklar. Es gab keinen Zweifel: Nachdem ich aus dem Traum erwacht war, wusste ich ganz sicher, dass ich Arzt werden wollte. Und so habe ich das lukrative Stipendium von *Esso* ausgeschlagen. Ich wollte das wahr werden lassen, was ich in meinem Traum gesehen hatte. War es meine Seele, die über diesen Traum mit mir kommunizierte? Wollte sie mir mit dem Traum deutlich machen, was ich in diesem Leben vollbringen sollte?

Jetzt, vierzig Jahre später, bin ich seit vielen Jahren Arzt. Zwar bin ich nicht Chirurg geworden, aber ich reise um die ganze Welt, um Menschen zu helfen, deren „inneres Kind“ oft traumatisiert ist. Ein Traum von mir ist es, eine Klinik und ein Krankenhaus für Kinder zu errichten, und ich habe bereits eine Stiftung für Kinder in Leben gerufen, die *Stichting Relief*. Ehrenamtliche Mitarbeiter wenden hier meine Methoden an, um Kindern mit emotionalen Problemen, Traumata und Lernschwierigkeiten zu helfen.

Ich bin sehr froh, dass mein Traum mir meinen Weg im Leben gezeigt hat und dass ich noch immer einen Traum davon habe, was ich später tun werde, wenn ich noch ein bisschen älter und weiser geworden bin.

Wir erhalten im Leben und in unseren Träumen nicht immer das, was wir wollen, aber oft das, was wir brauchen.

Hinweise von unserer Seele

Wir werden in unserem Leben mit Vielem konfrontiert: Angenehme Ereignisse wechseln sich mit weniger angenehmen ab, mitunter entwickeln sich Situationen sogar dramatisch. Das Leben bietet uns immer wieder neue Möglichkeiten, um uns weiterzuentwickeln, und oft wachsen wir am meisten an den Ereignissen, die uns zuerst einmal am wenigsten gefallen. Im Schlaf kommen wir erneut mit diesen weniger angenehmen Dingen in Kontakt und erhalten so erneut die Chance, Konflikte aufzuarbeiten. Und häufig sendet uns unsere Seele Zeichen, die uns helfen sollen, hinter die Kulissen unseres Denkens und Handels im Alltag zu blicken.

Ich will das am Beispiel einer Klientin erläutern: Liesbeth berichtete mir, wie sehr die Zusammenarbeit mit ihrem Kollegen Bart sie aus der Ruhe bringe. Sie sagte, sie habe das Gefühl, dass er eifersüchtig auf ihre

Position sei, Barts Verhalten sei für sie bedrohlich. Sie fühle sich ständig schlecht und unsicher. Sobald der Kollege in ihrer Nähe sei, schwinde ihre Kraft. Und inzwischen fühle sie sich bereits irritiert, wenn jemand seinen Namen nur ausspreche. Sie wolle Bart am liebsten von der Bildfläche verschwinden sehen, um sich endlich wieder wohlfühlen zu können. Einen wirklich konkreten Anlass oder Grund habe es für ihre Unsicherheit nicht gegeben, räumte Liesbeth ein.

Zu ihrer größten Verärgerung träumte die Frau regelmäßig von ihrem Kollegen. Liesbeth fragte mich, ob es sein könne, dass ihre Seele dabei mit ihr kommunizieren wolle. Sie erzählte mir den folgenden Traum:

„Ich bin in einem Raum mit Bart. Wir müssen beide eine Rede halten. Bart beginnt zu sprechen, er wird immer wütender dabei und immer größer. Ich stehe daneben und schaue ihm zu. Es erschreckt mich, wie groß Bart ist und wie viel Wut er hat – er ereifert sich so, dass Speicheltropfen in alle Richtungen sprühen. Und ich werde dabei immer kleiner und kleiner."

Liesbeth konnte erkennen, dass sich in ihrem Traum ihr Verhältnis zu Bart widerspiegelte: Sie fühlte sich klein und machtlos gegenüber ihrem Kollegen. Was Liesbeth nicht erkannte, war, dass Bart in Wahrheit auch für einen Teil von ihr selbst stand, den sie nicht sehen konnte oder wollte. Liesbeths Seele hatte einen Menschen wie Bart in ihr Leben gerufen, damit sie durch ihn den unverarbeiteten Teil von sich selbst anschauen und heilen konnte. Sie musste aus der Illusion erwachen und sich darüber klar werden, dass sie träumte – auch im Wachzustand. Erst dann konnte sie ihre Perspektive ändern und dem schlechten Traum mit ihrer neu gewonnenen inneren Kraft begegnen.

Liesbeth konnte mithilfe verschiedener Techniken ihre eigenen unverarbeiteten Gefühle, die ihr Bart spiegelte, deutlich sehen. Sie blickte zurück in ihre frühe Kindheit und konnte dort den ehemaligen Freund ihrer Mutter erkennen, der immer eifersüchtig auf sie gewesen war. Und Bart erinnerte Liesbeth an diesen Freund und an die schlechte Beziehung, die sie zu ihm hatte. Es kostete zwar viel Zeit, doch Liesbeth konnte die Situation schließlich von einem anderen Standpunkt aus betrachten. Sie konnte immer deutlicher erleben, wie wenig Bart ihr anhaben konnte: Er hatte in Wahrheit keine Macht über sie. Sie fühlte sich zunehmend stärker und das Verhältnis zu Bart wurde damit immer weniger von ihrem Schmerz und ihrer Schwäche bestimmt. War er im Raum oder nannte jemand seinen Namen, reagierte sie nicht mehr darauf.

Indem sie selbst die Verantwortung für ihre Gefühle übernahm und sie nicht mehr auf Barts Verhalten oder seine Anwesenheit schob, hielt

Liesbeth den Schlüssel in den Händen, mit dem sie sich aus ihrem eigenen Käfig befreien konnte. Kurze Zeit nach dieser Erkenntnis erzählte mir Liesbeth einen weiteren Traum:

„Ich gehe mit Bart auf einem Weg. Wir haben ein Ziel, aber ich kann es noch nicht deutlich erkennen. Die Umgebung ist schön, das Gras grün und die Sonne scheint. Wir haben Spaß miteinander, halten uns an den Händen und gehen so weiter."

Liesbeth wusste, dass der Traum ein Zeichen, einen Hinweis für sie beinhaltete. Er zeigte ihr sehr deutlich, dass sich in ihr wirklich etwas verändert hatte und dass Barts negativer Einfluss ganz und gar verschwunden war. Sie hatte den Schleier der Illusion gelüftet und die alten Emotionen verarbeitet. Liesbeth fühlte sich befreit und erleichtert.

Der weise Beobachter

Wahrscheinlich haben Sie in Ihrem Leben auch schon einmal wider besseres Wissen gehandelt. In solchen Momenten haben Sie sich selbst vielleicht agieren oder reagieren sehen, während tief in Ihrem Inneren eine Stimme sagte: „Tu das jetzt nicht!" oder „Sag das lieber nicht!"

Vielleicht gab es auch Augenblicke in Ihrem Leben, in denen Sie sehr wütend oder entrüstet reagiert haben, obwohl Ihnen die Situation tief in Ihrem Inneren gar nicht so naheging? Das mögen Momente sein, in denen Ihr Inneres eigentlich tiefen Frieden fühlt und dennoch nicht in der Lage ist, den Sturm zu beruhigen, der an der Oberfläche tobt. Solche Situationen entstehen, wenn unser verborgener weiser Beobachter auf den Plan tritt. Er kann uns manchmal Weisheiten vermitteln, die uns überraschen, denn wir wissen gar nicht, dass wir zu solchen Einsichten fähig sind. Er kann uns Dinge tun lassen, die im völligen Gegensatz zur Stimme unseres Ego stehen. Und umgekehrt kann uns unser Ego Dinge tun lassen, die in Gegensatz zu unserem weisen Beobachter stehen.

Dieser Beobachter kann viele Gesichter haben und die unterschiedlichsten Gestalten annehmen. Er kann im Traum mit uns sprechen, sich uns durch Bilder oder Symbole offenbaren oder wir spüren einfach tief in unserem Inneren, was wahr ist. Unser Beobachter kann als innere Stimme auftauchen, die gehört werden will, jedoch allzu oft leider nicht durch den Lärm unserer konditionierten Gedanken dringen kann. Die Stimme unseres Ego ist laut und hat niemals Pause: Sie ist voll und ganz damit beschäftigt, zu beschreiben und zu kommentieren, einzuordnen und zu beurteilen, was geschieht; zu bewerten, ob etwas gut oder schlecht für uns ist, und uns zu sagen, was wir tun oder denken müssen. Angesichts unseres ununterbrochen plappernden Ego hat der weise Beobachter nur wenig Chancen, Gehör zu finden. So bleiben wir in unseren Illusionen hängen, träumen von der Erfüllung und suchen Frieden und Freiheit außerhalb von uns selbst – den verborgenen Beobachter nehmen wir dabei nicht wahr.

Wir sollten erkennen: Erst wenn wir uns von der Illusion befreien, etwas außerhalb von uns könne uns unsere Kräfte rauben, und erst wenn wir selbst die Verantwortung für unsere negativen Gefühle übernehmen, findet eine wirkliche Wandlung in uns und dadurch auch außerhalb von uns statt.

Seit einigen Jahren nutze ich meine Träume, um mit ihrer Unterstützung Einsicht in die Dinge zu erhalten, die mir nicht klar sind. Ich vergegenwärtige mir vor dem Schlafengehen, worauf ich eine Antwort erhalten möchte, und stelle die entsprechende Frage. Es geschieht dann oft, dass die Antwort bereits in der Entspannungsphase vor dem Einschlafen durch Bilder, Gefühle oder ein deutliches inneres Wissen (des weisen Beobachters) zu mir kommt. Träume können allerdings weit mehr: Sie können uns Begebenheiten vor Augen führen, die in der Zukunft liegen.

Hellsichtige oder prophetische Träume

Vor einigen Jahren kam eine Patientin in meine Praxis, die regelmäßig davon träumte, an Brustkrebs erkrankt zu sein. Ein Jahr zuvor hatte sie sich untersuchen lassen, doch der Arzt erklärte ihr, sie sei gesund. Die Frau erzählte mir so überzeugend von ihren Träumen, dass ich sie erneut ins Krankenhaus zu einer Untersuchung schickte.

Die Mammographie ergab wieder keinen Hinweis auf Krebs und im Krankenhaus zweifelte niemand daran: Die Patientin war gesund. Ich hatte dennoch ein ungutes Gefühl. Was sie erzählte, klang zu echt, als dass es mich ruhen ließ. Ich war überzeugt davon, dass sie einen prophetischen Traum hatte. Deshalb drang ich auf eine Ultraschalluntersuchung ihrer Brüste. Und tatsächlich: Dabei wurde ein Tumor entdeckt. Bald darauf wurde die Frau operiert und es geht ihr bis zum heutigen Tag gut.

Hier zeigt sich ganz deutlich: Um prophetische Träume oder Visionen haben zu können, muss man weder ein Prophet noch ein Hellseher sein. Sehr häufig haben Menschen solche Träume, obgleich sie absolut nicht prophetisch oder seherisch veranlagt sind oder sich dessen zumindest nicht bewusst sind. Viele Seher sagen, dass hellsichtige oder prophetische Träume immer farbig und sehr lebendig seien. Meistens werden wir in diesen Träumen vor etwas gewarnt und oft wird dem Träumer signalisiert, dass es eigentlich schon fast zu spät ist, auf die Warnung zu reagieren.

Ignorieren Sie solche Träume nicht, die eine Warnung für Sie oder einen anderen Menschen enthalten! Möglicherweise sehen Sie im Traum, dass jemand verunglücken wird. Sagen Sie ihm dann, was Sie geträumt haben, und dass er unbedingt auf sich aufpassen soll.

Allerdings sind nicht alle Träume prophetischer Natur, auch wenn das zunächst so scheinen mag. Stirbt zum Beispiel jemand in einem Traum, stecken oft Verlustängste dahinter oder der Traum ist ein Zeichen für einen Neubeginn. Manchmal jedoch sagt er allerdings ein Unglück vorher. Wenn Sie in der Lage sein wollen, solche Unterscheidungen zu treffen, sollten Sie sich möglichst intensiv mit Ihren eigenen Träumen beschäftigen und sie zu deuten versuchen. Außerdem ist es wichtig, unsere Erfahrungen und Erlebnisse in und mit Träumen möglichst oft mit anderen zu teilen.

Die Zeitschrift *Science of the field* berichtete von einer Frau, die einen sehr klaren Traum hatte, in dem sie sah, wie ihr Mann bei der Jagd verunglückte. Einer seiner Jagdfreunde hatte ihn versehentlich erschossen. Die Frau erwachte schweißgebadet und war verängstigt. Sie dachte aber nicht weiter über ihren Traum und die darin enthaltene Warnung nach, zumal ihr Mann noch nie jagen gegangen war. Einige Wochen später wurde der Mann von einigen Kollegen nun unerwartet zu einem Jagdausflug eingeladen. Sofort erinnerte sich seine Frau an ihren Traum und flehte ihren Mann an, auf den Ausflug zu verzichten, verschwieg ihm aber, warum sie nicht wollte, dass er mitging. Sie dachte, ihr Mann würde sie dann für verrückt erklären. Der Mann ignorierte die Bitten seiner Frau und ging mit zur Jagd. Er kam genau so ums Leben, wie seine Frau es in ihrem Traum vorhergesehen hatte. Das Beispiel dieser Frau ist beileibe kein Einzelfall. Es gibt Tausende und Abertausende von Berichten über solche prophetischen Träume.

Traum-Tipps

Untersuchungen zeigen, dass Menschen bereits zehn Minuten nach dem Aufwachen neunzig Prozent ihres Traums vergessen haben. Um auch Tage später noch ein genaues Bild von den eigenen Träumen zu haben, ist es wichtig, dass Sie sie sofort nach dem Aufwachen aufschreiben. Denn auch wenn Sie sich zunächst ganz sicher sind, dass Sie einen Traum auf gar keinen Fall vergessen werden – das Risiko ist sehr groß, dass Ihnen wichtige Einzelheiten bereits nach wenigen Minuten entfallen sind. Schenken Sie sich selbst also ein Traum-Tagebuch oder ein Diktiergerät, mit dem Sie Ihre Träume festhalten können. Und bedenken Sie dabei: Egal ob es nur einzelne Fetzen sind oder ein ganzes Drehbuch, an das sie sich nach dem Aufwachen erinnern – was Sie von Ihrem Traum noch wissen, kann für Ihre Bewusstwerdung sehr wichtig sein.

Was können Sie tun, wenn Sie Schwierigkeiten haben, sich an Ihren Traum zu erinnern? Und wie erhalten Sie klare Antworten auf Fragen, die Sie an Ihre Seele gestellt haben? Hier ein paar Tipps:

- Wenn Sie etwas in Ihrem Leben mithilfe eines Traums klären wollen, stellen Sie vor dem Einschlafen eine möglichst konkrete Frage, auf die Sie eine Antwort haben wollen.
- Bevor Sie einschlafen, fragen Sie Ihren weisen Beobachter, ob er Sie in Ihrem Traum begleiten möchte. Vielleicht verbinden Sie ein Symbol oder ein Tier mit Ihrem weisen Beobachter. Das hilft oft, um einen besseren Kontakt zu ihm aufzubauen.
- Visualisieren Sie vor dem Einschlafen, *wie* Sie am nächsten Morgen wach werden, *wie* Sie sich an alles erinnern, was Sie geträumt haben, und *wie* Sie eine Antwort auf Ihre Frage erhalten.
- Stellen Sie sich vor dem Einschlafen vor, dass Sie eine „Traumkamera“ mitnehmen, mit der Sie Fotos von den wichtigsten „Traumbildern“

machen, um sie sich am nächsten Morgen besser in Erinnerung rufen zu können.

- Notieren Sie möglichst viele Details Ihres Traums oder sprechen Sie diese auf Band, sobald Sie wach geworden sind. Schreiben und sprechen Sie in der Gegenwartsform, nicht in der Vergangenheit. Das lässt das Erlebte persönlicher wirken und Sie können sich später wieder besser in die Situation hineinversetzen. Anstatt „Ich sah mich selbst durch ein großes Gebäude laufen, in dem es dunkel war" schreiben Sie „Ich laufe durch ein großes Gebäude, um mich herum ist es dunkel".
- Achten Sie, so gut Sie können, auf Einzelheiten. Schreiben Sie dabei auch auf, wie Sie sich im Traum gefühlt haben und was Ihnen besonders aufgefallen ist.
- Bedenken Sie, dass Ihre Fragen in einem Traum nicht immer deutlich beantwortet werden. Der Traum kann die Antwort zum Beispiel in Form eines Symbols in sich tragen.
- Auch wenn Sie glauben, in einem Traum keine Antwort auf das erhalten zu haben, wonach Sie gefragt haben, mag es dennoch sein, dass Sie bekommen haben, was Sie benötigen! Haben Sie dieses Problem, so nehmen Sie die Frage mit in den nächsten Traum oder meditieren Sie darüber und bitten um Klärung der Situation.

Auch wenn Sie anfänglich Schwierigkeiten haben, werden Sie schon bald bemerken, dass Sie mit der Zeit auf spielerische Art und Weise immer mehr Hinweise in Ihren Träumen entdecken. Und Sie werden feststellen, dass Sie Ihre Erkenntnisse aus den Träumen immer besser in Ihr tägliches Leben praktisch einfließen lassen können.

Deine Träume sind ein Sprungbrett zu den Sternen,
wie ein Katapult, das dich von der einen zu einer anderen möglichen Realität schleudert.
Wenn dies geschieht, wird dein Herz erfüllt mit Leichtigkeit – dir wird leicht ums Herz.
Und deine Seele kann atmen – sie wird geheilt.
So kann deine Seele tief Luft holen vor dem nächsten Tauchgang
in die Tiefen der illusionären Dunkelheit.

Kapitel 3

Symbole und Archetypen

In unseren Träumen spricht das Unterbewusstsein über Symbole und Archetypen zu uns. Archetypen sind Symbole, die nicht aus der persönlichen, sondern aus der kollektiven Erfahrung stammen. Es ist unsere Aufgabe herauszufinden, welche Botschaft unsere Seele durch sie transportiert. Jeder von uns muss diesen Weg gehen, will er nicht die Verbindung zu seinem „Traumland" verlieren – zu dem Land, in dem er alles weiß; in dem er alles sehen kann, was geschehen wird, woran er gerade „arbeitet" und was er in seinem Leben verändern muss.

Was uns Symbole in Albträumen verraten

Es gibt keine schlechten Träume.

Buddha

Albträume sind für jeden von uns eine Furcht erregende Erfahrung, da sie uns mit unseren tiefsten Ängsten, unseren schlimmsten Befürchtungen konfrontieren. Tun wir Albträume als bedeutungs- und wertlos ab, dann verlieren wir allerdings die Möglichkeit, das darin verborgene Geschenk anzunehmen. Denn Albträume lassen sich zu unserem Vorteil einsetzen, weil sie uns dazu einladen, uns weiterzuentwickeln, und uns etwas Wichtiges über uns selbst mitzuteilen haben.

Träumen Erwachsene zum Beispiel davon, dass sie vor einem Verfolger weglaufen, dann ist das ein Symbol dafür, dass sie vor sich selbst oder vor einem Teil von sich selbst weglaufen.

Wie viele Menschen wurde auch ich als Kind von Albträumen geplagt. Typisch an diesen Träumen war, dass sie immer im Zusammenhang mit etwas Erlebtem standen, zum Beispiel mit einer Prüfung, vor der mich Versagensängste quälten. Dies hatte wiederum damit zu tun, dass ich hyperaktiv war und mich nur sehr schwer konzentrieren konnte. Zudem war ich schon damals ein typischer Tagträumer und ließ mich schnell ablenken. Bis zum heutigen Tag kann ich mit offenen oder mit geschlossenen Augen dasitzen und stundenlang durch ferne Welten schweben. Meine Tagträume waren immer angenehm, tagsüber hatte ich nie Albträume. Nachtträume waren jedoch stets Albträume und häufig waren es immer dieselben, sich wiederholenden Träume.

In meiner Kindheit erwachte ich fast jede Nacht schweißgebadet. Das begann in meinem vierten Lebensjahr, in dem ich meinen ersten Asthmaanfall hatte. Während eines Asthmaanfalls sah ich häufig Menschen vor meinem geistigen Auge, die nach Luft schnappten und zu ersticken drohten. Wir saßen dicht beieinander und rangen nach Luft und ich geriet in Panik. Ab einem bestimmten Moment wurde dann alles friedlich und still. Mein Asthmaanfall ließ nach.

Nachts träumte ich in dieser Zeit oft, dass ich von Teufeln verfolgt wurde und mich verstecken musste. Doch die Schreckgestalten fanden mich immer und zerrten mich in ein Gebiet, in dem ich mit anderen Gefangenen in Baracken leben musste und wir wenig zu essen bekamen. Ich magerte zusehends ab und fühlte, wie ich langsam verschwand. Schließlich warfen die Teufel mich in eine große Grube.

Viel später erfuhr ich von einem „Auraleser", dass ich in meinem vorherigen Leben als sechzehnjähriger jüdischer Junge in einem Konzentrationslager vergast worden sei. Aber woher sollte ich wissen, ob diese Aussage wirklich der Wahrheit entsprach? Ich bin mir bis heute nicht sicher. Was ich allerdings weiß, ist, dass ich nach meinem sechzehnten Geburtstag keine Asthmaanfälle und keine Albträume mehr hatte. Und die Teufel kehrten nie wieder in meine Träume zurück.

Gehe ich davon aus, dass der Auraleser Recht hatte – was ich erst sicher wissen werde, wenn ich sterbe –, dann sehe ich heute, dass die Teufel für das standen, was ich in meinem Unterbewusstsein an Schlechtem über die Menschen erfahren hatte, die mich ums Leben gebracht hatten.

Sollten Sie Albträume haben, die sich unentwegt wiederholen und deren Bedeutung sich Ihnen nicht sofort erschließt, dann kann es sein, dass es sich dabei um den Versuch Ihrer Seele handelt, Traumata oder Konflikte aus früheren Leben zu verarbeiten. Es kann aber auch sein, dass Sie mit einem Albtraum eine traumatische Erfahrung aus diesem Leben verarbeiten. Oder es wird einfach Spannung abgebaut, die sich tagsüber angestaut hat. In diesem Fall handelt es sich bei den Albträumen um eine Art Selbstreinigungsmechanismus des Gehirns. Ihre Botschaft lautet: Das, was heute passiert ist, war einfach zu viel für die Nerven.

Eine kleine Übung: Albträume auflösen

Haben Sie regelmäßig solche Albträume? Dann wird Ihnen folgende Übung helfen: Überlegen Sie sich, wem Sie in Ihrem Leben aus dem Weg zu gehen versuchen. Nehmen Sie sich vor, im nächsten Traum, in dem Sie verfolgt werden, tapfer zu sein und sich umzudrehen. Sie werden sich Ihrem Verfolger stellen! Vielleicht entpuppt er sich als gar nicht so Furcht einflößend.

Das kollektive Bewusstsein

Traumatische, konfliktbeladene Ereignisse können die Träume ganzer Völker beeinflussen. So haben die Anschläge vom 11. September 2001 auf das New Yorker *World Trade Center* bis heute einen großen Einfluss auf das Denken und Handeln der Menschen auf dieser Erde. Und mehr noch: Der niederländische Traumforscher Victor I. Spoormaker berichtet in seinem Buch *Alles over dromen* (Alles über Träume), dass Wissenschaftler Folgendes festgestellt haben: Die US-Amerikaner träumen nach dem 11. September intensiver, deutlicher und detaillierter. Es wird vermutet, dass die erhöhte Intensität des Träumens auf die stärker gewordenen Ängste und Emotionen der US-Bürger zurückzuführen ist.

Untersuchungen haben gezeigt, dass ein Volk die kollektiv aufgebaute Spannung, die sein „Gruppen-Trauma" erzeugt hat, in seinen Träumen im „alles verbindenden Nullpunktfeld" oder „kollektiven Feld" verarbeitet. Wir alle sind mit diesem Feld und in diesem Feld miteinander verbunden. Es vereinigt uns in den Archetypen von Krieg und Frieden, von Yin und Yang, der Dualität von Gut und Böse, von Schmerz und Freude, Sünde und guter Tat, Vergebung und Wut.

In dieser unüberschaubaren Welt brauchen wir solche einfachen Sinnbilder, um die Dualität der Dinge klar benennen zu können. Wir benötigen in diesen Zeiten aber auch Bilder, um uns Werte und Normen zu vergegenwärtigen: ein Adler oder eine weiße Taube als Symbol für Frieden oder Spiritualität, eine Blume als Zeichen der Liebe, ein Regenbogen als Sinnbild für Harmonie und eine Schlange, die für das Böse, für Sexualität oder Transformation steht.

In unserer Welt der poetischen und kreativen Gedanken müssen wir uns die Zeit nehmen, um die klare Sprache der kollektiven Sinnbilder wieder verstehen zu lernen. Es ist eine Hilfe, wenn wir uns mit unserer Quelle der Weisheit verbinden.

Die Seele tut ihr Bestes, um die richtige Sprache zu finden, doch sie überschätzt regelmäßig die Fähigkeit des Träumers, sie zu übersetzen.

Eine kleine Übung: Verbinden Sie sich mit der Quelle Ihrer Weisheit

Wir leben in einem kollektiven Feld, einem alles verbindenden morphogenetischen Feld. Im Ozean der Kollektivität können wir uns aufs Neue verbinden mit unserer eigenen Quelle der Weisheit, der „göttlichen Blaupause" der Liebe und des Friedens.

Es gibt verschiedene Methoden, um sich diese Quelle der Weisheit zu erschließen. Ich bevorzuge die folgende Übung: Ich schließe meine Augen und entspanne meinen Körper, indem ich tief und ruhig atme. Ich stelle mir vor, dass meine Füße Wurzeln haben, die tief in die Erde reichen – bis hin zum Magma, der Flüssigkeit im Erdkern, dem ewigen Feuer, das die Erde von innen heraus erwärmt. Dort werden alle negativen Emotionen und Disharmonien verbrannt und von jeglicher Negativität befreit, bis allein die positive Absicht zurückbleibt, die dann über meine Wurzeln zu mir zurückfließt. Hierbei spüre ich leichte Vibrationen, die durch meine Füße in alle Körperzellen hineinfließen ... bis jede Zelle vollkommen erfüllt ist mit positiver Erdenergie und reiner Intention.

Danach suche ich meinen Stern, weit weg im Sternensystem der Milchstraße. Ich verbinde mich mit meinem Stern und bitte ihn, mir einen Lichtstrahl quer durch Zeit und Raum zu schicken. Dieser Lichtstrahl gelangt durch mein Kronen-Chakra in meinen Kopf und erfüllt jede Zelle mit weißem, heilendem Licht – einem göttlichen, reinen Licht. Es fühlt sich herrlich an, von diesem warmen Licht erfüllt zu werden. Alle Schatten verschwinden und die Stellen meines Körpers, die Heilung nötig haben, erhalten zusätzliche Energie.

Ich entspanne mich noch mehr und sehe mich eine Treppe mit zehn Stufen hinabsteigen. Ich gelange in eine prachtvolle Landschaft: am Meer, in den Bergen oder auf einer Insel – je nachdem, wo ich gerade gern sein möchte und wo ich mich gut fühle. Ich suche mir einen Platz, an dem ich mich niederlasse. Dort lade ich mein göttliches Selbst ein, zu mir zu kommen. Es erscheint vor mir in einer symbolischen Gestalt, in welcher, das ist nicht wichtig. Mein göttliches Selbst kann ich alles fragen, was mir auf dem Herzen liegt, und ich erhalte auf jede Frage eine Antwort, die tief aus meiner Quelle der Weisheit kommt.

Diese Übung können Sie tagsüber im Rahmen einer kleinen Meditation machen und ebenso gut nachts vor dem Einschlafen. Die Nacht ist wohl die geeignetste Zeit, um sich bewusst mit der Quelle der Liebe und Weisheit zu verbinden. Frei von jedem Hintergrundgeräusch und dem Nebel vor Ihren Augen, können Sie jetzt sehen und hören, was wirklich ist.

Je ruhiger Sie sich vor dem Einschlafen fühlen, umso besser ist das für Ihre Träume. Oft nehmen Sie die letzten Gedanken vor dem Schlaf mit und die Spannungen, die damit einhergehen, werden Teil von dem, was Ihren Traum gestaltet. Wenn Sie sich von allen Anspannungen befreien und dafür öffnen, sich mit der Quelle der Weisheit, der göttlichen Matrix zu verbinden, werden sie viel tiefer und intensiver träumen: Ihre Seele wird sich direkt bei Ihnen melden.

Tiere als Symbole in unseren Träumen

Vor vier Jahren stand ich an einem Wendepunkt in meinem Leben. Bis dahin hatte ich jahrelang als Sängerin gearbeitet. Jetzt musste ich mich entscheiden: Wollte ich weiter singen oder das Singen endgültig aufgeben und mich allein darauf konzentrieren, Workshops und Trainings zu geben? Die Entscheidung fiel mir schwer, denn Sängerin zu sein, das war mein Kindheitstraum. Er hatte sich erfüllt, aber inzwischen hatte mich das Gefühl beschlichen, dass ich in einer Sackgasse angekommen war. Und so beschloss ich schweren Herzens, das Singen aufzugeben, nachdem ich Folgendes geträumt hatte:

„Ich sehe einen braunen Wolf, der den Mond anheult, ich bin traurig und fühle mich emotional sehr bewegt. Das Bild verändert sich nun: Ich liege in der Natur mit dem Rücken auf der Erde und fühle mich immer ruhiger. Auf mir liegt ein weißer Wolf, der mich mit freundlichen hellblauen Augen anschaut. Mein Kopf ruht auf dem Rücken eines zweiten weißen Wolfs. Rechts und links von mir liegen ebenfalls weiße Wölfe. Ich fühle, dass ich ruhiger und gelassener werde, als ich es jemals zuvor war. Ich bin erfüllt von einem Gefühl des tiefen Friedens und der Liebe, von vollkommener Geborgenheit und dem Vertrauen darauf, dass ich von diesen Wölfen bedingungslos unterstützt werde.

Über mir schwebt eine Indianerfeder und ich fühle den warmen Atem eines großen weißen Pferdes, das hinter mir steht. Eine meiner Katzen legt sich ebenfalls zu mir. Nach einer Zeit, die mir wie eine Ewigkeit vorkommt und in der ich die Ruhe genieße, springe ich auf den Rücken des Pferdes. Gemeinsam mit den Wölfen streben wir dem Horizont entgegen. Ich bin in meinem Paradies."

Der Eindruck, den dieser Traum bei mir hinterließ, war so stark, dass ich noch lange nach dem Erwachen ein Gefühl tiefer Ruhe empfand. In den folgenden Tagen spürte ich tatsächlich die Anwesenheit der Wölfe und das machte mich froh und gab mir ein kraftvolles Gefühl.

Die Tiere, die in meinem Traum auftauchten, waren jeweils ganz spezielle Symbole: Der braune Wolf, der zum Mond heult, steht zum Beispiel für das Loslassen von altem Schmerz und von Traurigkeit … damit Raum entstehen kann für Frieden, Ruhe und Freiheit. Die weißen Wölfe spiegeln das Gefühl von Ruhe, Sicherheit und Vertrauen wider und meine Katze ist für mich meine Seelenfreundin im Jetzt. Ohne Sattel auf einem wilden Pferd zu reiten symbolisiert schließlich die Freiheit, dem Unbekannten entgegenzutreten, und verkörpert Leidenschaft, Intuition und Energie.

Ungefähr eine Woche nach meinem Traum rief mich Josef an, der Roys Seminare in Deutschland organisiert. Begeistert berichtete er mir, dass ein Bekannter von ihm bislang vergeblich versucht habe, eine professionelle Sängerin für eines seiner Lieder zu finden. Josef hatte sofort an mich gedacht, als er das Lied hörte. Er spielte es mir am Telefon vor und schon die ersten Noten berührten mich tief im Herzen. Tränen stiegen mir in die Augen – das Erste, was ich sah, waren Bilder meines Traums und ich empfand ein tiefes Gefühl von Freiheit und Frieden.

Die Bilder und Empfindungen ließen mich bis zur letzten Note des Liedes nicht mehr los.

Es brauchte eine Zeit der Stille, um mich selbst wieder im Hier und Jetzt zu fühlen. Danach sagte ich Josef, wie wundervoll das Lied sei und dass ich gern nach Deutschland reisen würde, um den Komponisten und Produzenten dieses Liedes kennenzulernen. Zwei Wochen später war es so weit. Roy und ich besuchten ihn in seinem Studio, legten die Tonlage des Liedes „Wakantanka“ fest und vereinbarten einen Aufnahmetermin. Nach dem Treffen war der Produzent so inspiriert, dass er gleich weitere Lieder für mich schrieb.

Wollen Sie wissen, was „Wakantanka“ bedeutet? Als ich wieder zu Hause in Florida war, suchte ich nach dem Stichwort „Wakantanka“ im Internet. Und auf der ersten Seite, die ich öffnete, sah ich einen Wolf, der zum Mond heulte, ein Rudel weißer Wölfe und ein indianisches Mädchen. Darunter stand: „Wakantanka spricht zu mir ohne Worte“ und „‚Wakantanka’ bedeutet *großer Geist*“. Mir wurde klar, dass mein Entschluss, das Singen aufzugeben, eine überdeutliche Kurskorrektur erfahren hatte. Das Pferd – meine Energie und Leidenschaft – trug mich dem Horizont, neuen Möglichkeiten, entgegen … und dabei wurde ich begleitet vom Wolf, meinem Geistführer. Einige Monate später hielt ich meine erste Solo-CD *You are not alone* in den Händen.

Was in der Zeit geschah, als ich von den Wölfen träumte, hat meine Aufmerksamkeit auf die Kraft dieser Tiere in meinem Leben gelenkt. Und mir fiel auf, dass meine beste Freundin den Nachnamen „de Wolff" trägt, die E-Mail-Adresse einer meiner spirituellen Lehrer „Whitewolf" (weißer Wolf) ist, Roy seinen ersten Hund, mit dem er sich bis heute sehr verbunden fühlt, „Wölfchen" rief und unser gemeinsames Haus in den Niederlanden in einer Straße steht, in deren Namen das Wort „Wolf" ebenfalls vorkommt. Als ich mich, nachdem ich in das Haus eingezogen war, bei der Gemeindeverwaltung ummeldete, wurde das Papier von einem Herrn Wolf unterschrieben. Und ich könnte von noch mehr solcher Begebenheiten erzählen ... Selbst jetzt, beim Schreiben, kann ich nicht glauben, dass das alles wirklich geschehen ist. Für die Magie, die all diesen Ereignissen innewohnt, bin ich sehr dankbar.

Sollten Sie Tiere in Ihren Träumen oder in Ihrem vermeintlich realen Leben besuchen, so ist es wichtig, auf die Gefühle zu achten, die Sie bei der Begegnung mit dem betreffenden Tier bewegen. In meinem Fall haben mir die Wölfe tiefe Ruhe, Freiheit, Vertrauen und Liebe geschenkt. Doch es ist auch möglich, dass die Tiere negative Emotionen wie intensive Angst auslösen. Um zu wissen, was die Begegnung mit einem Tier für Sie bedeutet, untersuchen Sie genau, wofür es in Ihrem Leben steht. Werden Sie etwa in Ihren Träumen immer wieder von einem bestimmten Tier verfolgt, das Ihnen Angst einjagt, so muss das nicht unbedingt ein negatives Zeichen sein. Vielleicht will das Tier Sie beschützen, weil es Ihr sogenanntes „Totem-„ oder „Krafttier“ ist – ein Beschützer, den Sie sich ausgewählt haben, bevor Sie auf der Erde inkarnierten.

Wenn Sie ein solches Tier in Ihrem nächsten Traum verfolgt, bleiben Sie stehen und drehen Sie sich um. Blicken Sie ihm in die Augen – Sie werden erstaunt sein, was passiert. Ein interessantes Buch hierzu hat Ted Andrews geschrieben. Es heißt *Die Botschaft der Krafttiere. Was die Geschöpfe uns zu sagen haben*. Generell gilt natürlich, dass diese Botschaft immer *Ihre* persönliche Botschaft ist. Beschäftigen Sie sich also mit der Bedeutung, die das Tier aus Ihren Träumen speziell für Sie hat.

Eine Übung mit Symbolen

Sylvia Browne beschreibt in dem Ratgeber *Das Buch der Träume. Botschaften aus einer anderen Welt* eine sehr hilfreiche Übung mit Symbolen. Sie lässt uns spüren, wie ausdrucksstark gewöhnliche Symbole sein können:

Nehmen Sie ein Blatt Papier und einen Stift zur Hand. Zeichnen Sie auf das Blatt folgende Dinge: ein Haus, die Sonne, Wasser, einen Baum und eine Schlange.

Tun Sie das jetzt und lesen Sie den Text über die Deutung der Symbole erst dann, wenn Sie Ihre Zeichnung fertiggestellt haben, wenn Sie mit ihr voll und ganz zufrieden sind. Sobald die Zeichnung fertig ist, betrachten Sie sie in Ruhe. Was könnte das Bild über Ihr Leben aussagen?

Sind Sie so weit? – Dann können Sie jetzt fortfahren zu lesen.

Folgende Hinweise und Fragen können Ihnen bei der Deutung der Symbole hilfreich sein:

Das Haus steht für Ihre Person. Haben Sie ein kleines oder ein großes Haus gezeichnet? Gibt es Türen und einen einladenden Eingang oder wirkt das Haus eher verschlossen? Falls Sie das Haus ohne Türen gezeichnet haben: Wollen Sie andere Menschen bewusst aus Ihrem Leben ausschließen? – Haben Sie einen Weg gemalt, der zu Ihrem Haus führt? Hat Ihr Haus Fenster, sodass Licht in sein Inneres fallen kann und andere zu Ihnen hineinblicken und Sie hinausschauen können? Oder gibt es gar keine Fenster? Wollen Sie andere nicht in Ihr Leben einladen und sind Sie nicht an dem interessiert, was um Sie herum geschieht? Gibt es einen Schornstein – als Symbol für Wärme? Sind Verzierungen vorhanden und wachsen Blumen im Garten? Gehört eine Garage zum Haus?

Die Sonne symbolisiert Ihren Vater. Steht die Sonne Ihrem Haus nahe oder ist sie weit entfernt? Hat die Sonne lange oder kurze Strahlen oder hat sie vielleicht gar keine? Wie lassen sich diese Details auf das Verhältnis zu Ihrem Vater übertragen? Was sagen sie über den Einfluss aus, den Ihr Vater auf Ihr Leben hat? Steht Ihr Vater Ihnen nahe?

Das Wasser ist das Sinnbild für Ihre Mutter. Steht es in enger Verbindung mit Ihrem Haus? Haben Sie einen reißenden Fluss, einen lebendig dahinplätschernden Bach, eine sprudelnde Quelle oder einen Teich gezeichnet? Befindet sich das Wasser im Vorder- oder im Hintergrund? Was sagt das über das Verhältnis zu Ihrer Mutter aus?

Der Baum symbolisiert Ihren Intellekt und Ihre Entwicklung. Er steht für Ihr Verhältnis zu Ihrem Verstand. Betrachten Sie ihn auf die gleiche Weise wie die anderen Symbole. Ist Ihr Baum kräftig und gesund? Hat er Blätter, Blüten und Früchte? Was sagt der Baum über Ihren Intellekt und Ihre Entwicklung aus?

Die Schlange gibt Auskunft über Ihre Sexualität. Ist sie schön und kräftig oder kränkelt sie? Liegt die Schlange in der Nähe des Hauses oder weiter entfernt? Ist sie im Verhältnis zum Haus eher groß oder klein?

Ihr Bild hilft Ihnen zu erkennen, welch wichtige Rolle Symbole und Archetypen in unserem Leben spielen können. Das soll nicht heißen, dass ein Baum, ein Haus oder die anderen Symbole immer die hier angegebene Bedeutung haben müssen. Es zeigt aber, wie die Seele und der Verstand uns mithilfe von Symbolen Zusammenhänge deutlich machen. Allerdings müssen wir bereit sein, uns der Bedeutung bewusst zu werden, die diese Dinge für uns haben können.

Traum-Tipps

Unsere Seele bedient sich im Traum immer der Bildsprache. Wollen Sie ihre Bedeutung verstehen und damit den Sinn eines Traums erfassen, sind folgende Übungen hilfreich:

Zeichnen Sie das Innere einer Blüte ohne Blütenblätter. Malen Sie die Person, die Gestalt, das Bild oder das Symbol, die oder das Sie in Ihrem Traum am meisten beeindruckt hat, in das Innere. Zeichnen Sie nun die Blütenblätter. Schreiben Sie danach in jedes Blütenblatt etwas, was sie mit der Person, der Erscheinung, dem Sinnbild in Verbindung bringen. Grübeln Sie dabei aber nicht zu lange. Notieren Sie, was Ihnen spontan einfällt. Sie dürfen die Blume so kreativ und mit so vielen Blütenblättern zeichnen, wie Sie wollen. Schauen Sie sich die fertige Blume anschließend an und überlegen Sie, was Ihnen der Traum sagen wollte. Auf diese Weise werden Ihnen Zusammenhänge klar, die sie sonst vielleicht übersehen hätten.

Sind Sie sehr angespannt, dann empfiehlt es sich, die Visualisierungsübung von Seite 53 ff. vor dem Einschlafen zu machen. Indem Sie sich mit der Erde verwurzeln und mit Ihrem eigenen Stern im Kosmos verbinden, können Sie Ihren ganzen Stress und alles Belastende auflösen. Ihre Träume werden jetzt klarer. Die Übung hilft Ihnen auch dabei, die Absichten, die sie mit dem Traum verbinden, deutlicher zu fassen. So gelangen Sie in den Fluss Ihres Traums.

Kapitel 4

Träume als Pforte zum Himmel

Obgleich wir in die Wirklichkeit des Lebens auf dieser Erde geboren wurden, können wir jederzeit zurückkehren in die vollkommene Traumwelt des Himmels – zum Beispiel über unsere Träume. Bei unserer Geburt verlieren wir sozusagen unseren Kompass, der uns den Weg zum Himmel finden hilft. Ohne ihn erkennen wir den Pfad zur himmlischen, universellen Liebe nicht mehr und können uns in der Illusion des Lebens verirren. In der Traumwelt können wir unseren Kompass wiederfinden; dann werden wir in einem vollkommenen Zustand der Verzückung wach und haben das Gefühl, es mit der ganzen Welt aufnehmen zu können.

Der Himmel in der Gebärmutter

Es gibt viele übereinstimmende Berichte von Hypnose- und Reinkarnations-Therapeuten, die Klienten in ihre Zeit als Fötus zurückgeführt haben: Zu dem Zeitpunkt, in dem sie als Fötus in der Gebärmutter eingebettet lagen, nach ihrer Wahrnehmung befragt, beschrieben sie übereinstimmend wundervolle Traumbilder vom Himmel. Sie erzählten von einem vollkommenen, friedvollen und schönen Ort, an dem sie sich geliebt und geborgen fühlten und an dem Beschützer und Engel fortwährend über den Wachstumsprozess ihres Körpers wachten.

Während Erwachsene, die in ihr Dasein als Fötus zurückgeführt werden, nur vorübergehend in diese Traumwelt eintauchen, träumt ein Fötus die meiste Zeit, in der er in der Gebärmutter ist, von diesem himmlischen Ort. Das verletzliche kleine Wesen erhält durch die Traumbilder eine enorme Unterstützung während seines anstrengenden Wachstumsprozesses – es badet in Licht. Auf diese Weise wird es mit Energie aufgeladen und auf die Geburt und sein Leben in dieser Dimension vorbereitet.

Man stelle sich vor, wie heftig vor allem für nicht geliebte Wesen der Übergang zwischen diesen himmlischen Sphären in der Gebärmutter und unserer kalten Welt sein muss. Säuglinge, die nach der Geburt im Stich gelassen werden, Liebe und Liebkosungen niemals erfahren, werden deshalb schnell krank und können sogar sterben.

Kehren wir als Erwachsene in unseren Träumen in die von Liebe erfüllte und vollkommene Welt des Himmels zurück, laden sich unser emotionaler, unser astraler und unser physischer Körper auf wie damals – in der Gebärmutter. Unser Organismus heilt, er wird gekräftigt und verjüngt sich.

In Kontakt mit Engeln und Geistführern

Ich habe häufig „himmlische Träume“. Wenn ich aus ihnen erwache, habe ich das Gefühl, die ganze Nacht mit neuen Informationen aufgeladen worden zu sein – ähnlich wie die Menschen in dem Film *Matrix*.

Die Szenerie in meinen himmlischen Träumen ist oft futuristisch – es tauchen Bilder auf, die ich mit Worten nicht beschreiben kann, da ich sie eher fühle als sehe. An Einzelheiten erinnere ich mich nach dem Aufwachen nicht. Ich merke nur, dass ich mich sehr gut fühle. Ich habe in solchen Momenten den Eindruck, als hätten Wesen aus einer anderen Dimension an mir gearbeitet und mein System für eine neue Phase in meinem Leben programmiert. Probleme, über die ich mir vorher den Kopf zerbrochen habe, sind plötzlich nicht mehr wichtig. Ich fühle mich sehr stark.

Vor einigen Jahren hatte ich einen himmlischen Traum, der sich regelmäßig wiederholt hat und der einen tiefen Eindruck bei mir hinterlassen hat. Er war sehr magisch und hat bis heute großen Einfluss auf mein Leben:

„Ich schwimme unter Wasser im Meer. Plötzlich denke ich daran, dass ich unter Wasser nicht atmen kann. In diesem Augenblick meldet sich eine Stimme: ‚Reg dich nicht auf, versuche einfach zu atmen, ganz vorsichtig, du kannst es!‘

Ganz bedächtig tue ich, wie mir geheißen wird, und stelle fest, dass ich sehr wohl unter Wasser atmen kann. Mein ganzes Wesen ist nun von Freude erfüllt und ich mache akrobatische Bewegungen im Wasser, während ich tiefer und tiefer tauche. Ich bin froh und fühle mich herrlich frei. Ich komme in eine prachtvolle Unterwasserwelt und treffe dort auf Orkas – Angst habe ich keine. Ich schwimme gemeinsam mit den Schwertwalen durchs Wasser. Überall, wo ich hinsehe, entdecke ich wundervolle Fische, Unterwasserpflanzen und Korallen. Ich spiele mit Seehunden, Delfine singen mit mir und Walfische geben mir weise Lektionen in Sachen ‚Liebe und Mitgefühl'. Alles ist gut hier, alles – und ich bin ein Teil davon."

Immer wenn ich aus solchen Träumen erwache, bin ich froh und nehme ein Stückchen dieses Himmels mit in den Wachzustand. In den folgenden Tagen habe ich dann das Gefühl, dass mir alles besser gelingt. Ich nehme mich selbst nicht mehr so wichtig und fühle mich mit den Menschen um mich herum sehr verbunden. Ich lausche den Lektionen der Wale, die von Mitgefühl und Liebe handeln. Die Wale sprechen eine Sprache, die ohne Worte auskommt. Sie wird in Form von tiefem Wissen und von Fühlen übertragen und wird auf diese Weise auch ein Teil von mir.

Ich bin davon überzeugt, dass ich während des Schlafs empfänglich bin für den Besuch von Geistführern und Engeln, die in verschiedenen Formen und Gestalten zu mir kommen. Die Wale der Unterwasserwelt sind solche Wesen, die mit mir in Kontakt treten, um mir zu helfen; sie wollen mich darin unterstützen, meinen Weg zu finden.

Tore in eine andere Dimension

Träume sind Tore in Teile unseres Selbst und in andere Dimensionen, zu denen wir im Wachzustand keinen oder nur schwer Zugang finden. So haben von uns gegangene Seelen im Traum die Möglichkeit, mit uns zu kommunizieren – deutlich und direkt oder über Sinnbilder.

Normalerweise sind die Seelen Verstorbener dort glücklich, wo sie sind. Über den Traum möchten sie uns das wissen lassen, damit wir in Frieden weiterleben können. Leider gelingt die Kontaktaufnahme nicht immer, denn Angst und Trauer, die den Träumenden belasten, können die Verbindung zu den Verstorbenen blockieren. Dann werden durch den Schatten des Leids die Signale, die die Davongegangenen aussenden, nicht erkannt.

Gebete helfen, den Schleier der negativen Emotionen, der Schmerzen und der Trauer um den Verlust eines geliebten Menschen zu lüften und so den Weg für einen Kontakt zu ebnen. Das folgende „Traumgespräch“ ist ein solches Gebet, das Sie vor dem Einschlafen sprechen können, wenn Sie mit einer verstorbenen Seele Verbindung aufnehmen wollen.

Traumgespräch mit einem Verstorbenen

Lass mich heute Nacht wegfliegen durch das Fenster meiner Begrenzungen
und teilhaben an der Freiheit, in der mein Geliebter jetzt ist.
Lass mich heute Nacht dort sein,
wo meine Augen nicht verdunkelt sein werden von Schmerz und Verlust.
Dort, wo unsere Seelen tanzen werden im Licht, befreit vom Schmerz,
sodass wir einen Moment zusammen sein können, ohne Tränen,
um wiedergeboren zurückzukehren in das Morgen,
kraftvoller und heiler, weil ich weiß, dass mein Liebster zu Hause ist,
nur einen Traum weit von mir entfernt,
tanzend, lachend in der Sonne …

Mayana|

Ein Treffen im Himmelspark

Vor einigen Jahren verstarb Paulie, die Schwester meiner Ex-Frau. Sie hatte schon seit einiger Zeit unter Diabetes und verschiedenen anderen Erkrankungen gelitten, die damit einhergingen. Die Beerdigung fand auf Curaçao statt, wo Paulie gewohnt hatte. Meine Ex-Frau flog allein zu ihrem Begräbnis und ich kümmerte mich in dieser Zeit um unsere Kinder.

Am Tag der Beerdigung bemerkte ich, dass mein jüngster Sohn Joey sehr traurig war. Er erzählte mir, wie schlimm es für ihn sei, dass er keinen Abschied von seiner Tante hatte nehmen können, die er sehr gern gehabt hatte. Ich fragte ihn, ob er sich jetzt von ihr verabschieden wolle, dann würde ich ihn auf eine Traumreise zu Tante Paulie mitnehmen. Ja, das wolle er sehr gern, sagte Joey.

Und so legte sich Joey auf sein Bett und ich ließ ihn sich entspannen: Zuerst sollte er ruhig ein- und ausatmen und später in Gedanken eine Treppe hinabsteigen. Mit jeder Stufe durfte er sich mehr entspannen und kam dem Ort ein Stückchen näher, an dem er Paulie endlich treffen würde. Nachdem er zehn Stufen hinabgestiegen war, stand er vor einer Tür. Ich hatte ihm gesagt, dass ihn hinter dieser Tür ein wunderschöner Himmelspark erwarte, in dem er Paulie gegenüberstehen würde und sich von ihr verabschieden könne. An der Tür ließ ich Joey seine Reise allein fortsetzen.

Nach einer Zeit erwachte Joey aus dem Traumzustand und berichtete mir, dass er seine Tante gesehen und mit ihr gesprochen habe. Er sagte, sie fühle sich fantastisch und sehe sehr gut aus. Sie sei nicht mehr krank und ein kleines weißes Hündchen mit braunen Flecken habe sie begleitet. Paulie habe ihm erzählt, dass sie froh sei, ihren Lieblingshund Sparky wieder bei sich zu haben.

Joey war nach seiner Reise sehr glücklich, da er nun wusste, dass es seiner Tante gut ging. Wunderbar an dieser Geschichte ist, dass Joey von Sparky, dem bereits vor Jahren verstorbenen Lieblingshund seiner Tante, vor seiner Traumreise nichts gewusst haben konnte. Die Tatsache, dass er den Hund gesehen hatte und sogar seinen Namen kannte, zeigt, dass sein Treffen mehr als nur Fantasie war.

Der Engel, der zum Löwen wurde

Leo war ein guter Freund von Mayana und mir. Als wir die Nachricht von seinem Tod erhielten, waren wir sehr erschrocken, zumal Leo mit Anfang vierzig unerwartet aus dem Leben geschieden war. Er war von einem Hochhaus gesprungen oder gefallen – die Umstände seines Todes wurden nie genau geklärt. Sofort nachdem wir von seinem Tod erfahren hatten, unternahmen wir eine Traumreise zu Leo.

Wir erwachten nach ungefähr fünfundvierzig Minuten gleichzeitig aus unserem Traum und sprachen über unsere Erlebnisse. Wir hatten ihn beide gesehen und beide die gleichen Informationen erhalten. Er hatte Mayana und mich wissen lassen, dass er noch sehr durcheinander sei. Er berichtete uns auch, dass sein Tod ein Unfall gewesen sei und er sich zum Zeitpunkt des Unglücks in einem Zustand befunden habe, in der er geglaubt habe, fliegen zu können.

Mayana und ich beschlossen, Leo mit einem Ritual zu helfen, seine Verwirrung zu überwinden und ins Licht zu gehen. In den Tagen danach erhielt ich mehrere Zeichen von ihm: Beispielsweise wurde am Morgen nach seinem Tod das Lied vom König der Löwen im Radio gespielt. Leo hatte immer gesagt: „Ich bin ein Löwe, kein Schaf." Später hörten wir von Sarah McLachlan das Lied „In the arms of an angel" (In den Armen eines Engels). Jetzt wussten wir, dass Leo angekommen war.

Himmlische Boten

Engel sind wunderbare Wesen, die in unseren Träumen wegweisend, tröstend oder heilend wirken können. In Holland lade ich einmal im Jahr zu einem Engel-Tag ein. An diesem Tag biete ich Meditationssitzungen an, in denen ich die Menschen lehre, Engel bewusst in ihr Leben und in ihre Träume einzuladen. Den Engel-Tag bereite ich nie vor, ich lasse mich immer führen. Ich schließe meine Augen und öffne mich dafür, von Engeln zu träumen. Zunächst fühle ich, wie sich die Energie verändert, und dann spüre ich, dass etwas in mir geschieht. Ich bin in einer Art tiefem Traum, in dem ich die Engel sehen und den anderen Menschen davon erzählen kann. Die Engel legen mir Worte in den Mund und ich spreche sie aus. Beinahe alle Teilnehmer spüren an diesem Tag die Anwesenheit der Himmelsboten.

Meine Begegnungen mit Engeln habe ich in dem Buch *Von Engeln umgeben* festgehalten. Dort erfahren Sie auch, wie Sie die himmlischen Wesen erkennen, sie in Ihr Leben einladen und wie Sie selbst zum Engel werden können.

Der Himmel in Brasilien

Gemeinsam mit Roy war ich vor einiger Zeit in Brasilien, um dort den Heiler João de Deus (John of God) zu treffen. Wir haben dort einigen öffentlichen Operationen beigewohnt, die der Geistheiler ohne Betäubung und oft nur mit einem Küchenmesser durchgeführt hat. Während der chirurgischen Eingriffe wurden die Patienten in eine Art „Traumzustand" versetzt, in dem sie keine Schmerzen empfanden.

João de Deus arbeitet nach eigener Aussage als Channel-Medium für verschiedene Entitäten. Darunter sind Spezialisten aus dem Bereich der Medizin und Heiler, die durch ihn ihre Arbeit – häufig in Form von Operationen – verrichten können. João de Deus sagt von sich, dass er kein Blut sehen könne und sein Lebtag weder Medizin studiert noch medizinisches Hintergrundwissen erworben habe.

Ich werde nie vergessen, wie der brasilianische Heiler vor unseren Augen einen Mann im Rollstuhl auf die Bühne holte, ein großes Messer nahm, den Kopf des Mannes aufschnitt und einen Tumor entfernte, den er dem Publikum danach voller Stolz zeigte. Während der Operation richtete ich meinen Blick hauptsächlich auf den Mann im Rollstuhl. Ich beobachtete ihn genau. Er strahlte die ganze Zeit ein Gefühl des intensiven Friedens und der vollkommenen Hingabe aus. Dem Mann liefen Tränen über die Wangen – allerdings nicht vor Schmerzen, es waren Tränen der Verzückung.

Um meine Beobachtung zu überprüfen, habe ich den Mann am Tag darauf gefragt, wie er die Operation erlebt habe. Er berichtete mir mit dem gleichen verzückten Blick, dass er im Himmel gewesen sei und überhaupt keinen Schmerz gefühlt habe, als ihm der Tumor entfernt worden sei. Er ist wohl in einem „Traumhimmel" gewesen – Liebe und Geborgenheit waren seine Betäubungsmittel.

Mehr als ein Traum

Nachdem ich die Australierin Jasmuheen näher kennengelernt hatte, beschloss ich, an einem Initiationsprozess unter ihrer Anleitung teilzunehmen. Jasmuheen selbst hatte eines Tages beschlossen, nicht mehr zu essen und zu trinken. Sie wird durch Licht genährt (Lichtnahrung wird auch als *Prana* bezeichnet) – so, wie es ihr ihre Geistführer vorgeschlagen haben. Tausende Menschen weltweit leben inzwischen von dieser himmlischen Energie; irdische Nahrungsquellen brauchen sie nicht mehr.

Drei Wochen dauert der Initiationsprozess mit Jasmuheen. In der ersten Woche isst und trinkt man gar nichts, stattdessen ruht und meditiert man. In den folgenden zwei Wochen trinkt man pro Tag ein halbes Glas Wasser. Als Arzt weiß ich natürlich, dass es aus medizinischer Sicht unmöglich ist, länger als vier Tage ohne Wasser auszukommen. Jeder Mensch bricht nach vier Tagen Wasserentzug gewöhnlich zusammen, weil die Nieren versagen. Es hat mich also nicht weiter verwundert, dass ich am vierten Tag vollkommen erschöpft war. Mein Mund fühlte sich an wie Pergament, er war völlig ausgetrocknet. Ich wusste, dass ich in diesem Zustand vor einer Entscheidung stand: Ich kann diesen Prozess bis zum bitteren Ende durchhalten oder jetzt einfach etwas trinken. Nach einem langen inneren Kampf beschloss ich, mich dem Prozess hinzugeben und entweder das erwünschte Ziel zu erreichen oder zu sterben. Ich war inzwischen so ausgelaugt, dass ich in diesem Moment bewusstlos wurde. Nun hatte ich einen wundervollen Traum, in dem mich vier Engel vom Boden aufhoben. Sie flogen mit mir durch eine Himmelspforte … hin zu einem wunderschönen Flüsschen mit Wasserfall an einen himmlisch schönen Ort in der Natur. Die Engel setzten mich unter den Wasserfall und mein Körper füllte sich mit kraftvoller, heilender Energie. Ich erlebte, wie meine Zellen das Wasser aufsaugten. Ich musste nicht trinken, das Wasser wurde durch meine Haut hindurch aufgesogen. Danach legten mich die Engel auf eine Massagebank. Engel und Lichtwesen übertrugen Energie auf mich – und ich begriff, dass meine DNS, meine Erbsubstanz, verändert wurde, damit ich allein von Licht leben konnte. Das Ganze dauerte etwa eine Stunde. Anschließend bin ich aus meinem Traum aufgewacht. Ich lag auf dem Boden und musste dringend zur Toilette gehen. Meine Blase war voll, mein Mund feucht, auch meine Zunge fühlte sich nicht mehr trocken an. Ich war erstaunt darüber, dass ich eine große Menge Wasser lassen konnte. Ein bis zwei Stunden später ging ich erneut zur Toilette und von da an habe ich jeden Tag ungefähr eineinhalb Liter Urin ausgeschieden, ohne etwas getrunken zu haben.

Viele meiner Patienten haben mir ähnliche Erfahrungen geschildert. Sie haben berichtet, dass sie in dem Moment, in dem sie sich einer höheren Macht vollkommen hingegeben haben, an Wunder grenzende Heilungen erlebt haben und dabei Visionen hatten.

Traum-Tipps

Im Traum sind wir in der Lage, in andere, himmlische Dimensionen zu gelangen. Folgende Möglichkeiten stehen Ihnen offen, um eine solche Traumreise zu unternehmen:

- Nehmen Sie sich vor dem Schlafengehen vor, in dieser Nacht auf die Reise in Ihren Himmel zu gehen, wo Sie Ruhe und inneren Frieden erfahren werden. Erschaffen Sie sich Ihren Traumhimmel in Gedanken: Gestalten Sie ihn sich so schön wie möglich … Sie fühlen sich hier vollkommen geborgen und von reiner Liebe umgeben. Bitten Sie bewusst darum, in dieser Nacht mit Energie aufgeladen zu werden.
- Schreiben Sie Fragen auf, die Sie in Ihrem himmlischen Traum beantwortet haben wollen, oder Dinge, über die Sie sich Klarheit wünschen. Seien Sie nicht enttäuscht, wenn Ihre Fragen nicht beantwortet werden oder Sie die Antwort beim ersten Mal nicht verstehen. Haben Sie Geduld.
- Wollen Sie im Traum bewusst Kontakt mit der Seele eines Verstorbenen aufnehmen, dann sprechen Sie das Gebet von Seite 71 vor dem Schlafengehen laut und deutlich. Sie können allerdings auch Ihr eigenes Gebet schreiben. Wichtig ist, dass Sie sich gut dabei fühlen.
- Um Kontakt mit verstorbenen Seelen aufzunehmen, können Sie auch tagsüber eine Meditations-Traumreise machen: Steigen Sie eine Treppe hinab – oder hinauf, wenn sich das für Sie besser anfühlt –, bis Sie an eine Pforte gelangen. Stellen Sie sich vor, dass Sie beim Durchschreiten der Pforte in eine andere Welt gelangen, in der Sie der betreffenden Seele begegnen werden.

- Wenn Sie im Traum einmal unerwartet Besuch von der Seele eines Verstorbenen bekommen, haben Sie keine Angst. Seien Sie dankbar für das Treffen und fragen Sie, wie ihre Botschaft an Sie lautet. Vergessen Sie nicht, gleich nach dem Erwachen aufzuschreiben, was Sie erlebt haben.

Kapitel 5

Heilende Träume

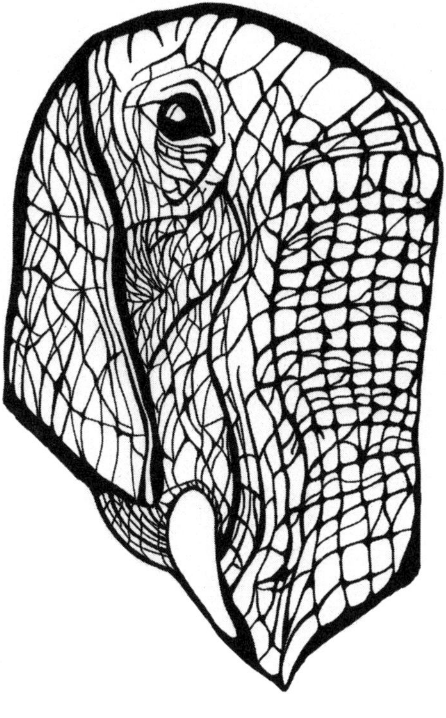

Hab noch etwas Geduld, du bist noch nicht angekommen, auch wenn du das manchmal glaubst.
Bald wird es dir besser gehen, alles andere kommt von allein.
Sei freundlich und liebevoll zu dir selbst, trinke und schlafe viel.
Der Traum ist deine Medizin.
Über deine Träume können wir dir nahe kommen,
denn in ihnen öffnest du dich und gibst dich hin.
Heute Nacht werden wir noch besser mit dir arbeiten.
Wir werden helfen, deinen Körper zu entspannen, und ihn fragen, was er braucht.
Wir werden ihm gut zuhören und ihm geben, was er benötigt.
Achte auf die Transformation deiner Seele, sie spricht mit dir.
Sie spricht mit dir durch deinen Körper.
Achte auf die Transformation deines Körpers, er spricht mit dir.
Jede Krankheit ist eine Transformation –
das Ergebnis von etwas anderem, nicht gut oder schlecht.
Öffne dich für sein Lied und nimm es mit in deine andere Realität.
Vertraue darauf.
Staune über die magische Brücke zwischen Traum und dem Zustand, den wir für die Realität halten.
Wahre Heilung beginnt damit, dass wir mit den Augen der Heilung auf

die Dinge blicken.
Schaue durch die Augen der Liebe.
Du kannst so viel mehr vollbringen, als du denkst.
Du bist so viel mehr, als du denkst.
Du hast alles in dir.
Frage und du wirst eine Antwort erhalten.
In diesem scheinbaren Chaos herrscht vollkommene Ordnung.
Trete heute Nacht ein, liebes Kind,
in das weite Meer der Möglichkeiten.
Ruhe, Freiheit, Liebe und Heilung.
Willkommen an diesem Ort der Heilung und Erneuerung.

Mit vierundzwanzig Jahren hatte ich einen Traum: Ein scharfer, langer Gegenstand steckte in meinem Körper, etwa in Höhe meiner Rippen. Da ich zu diesem Zeitpunkt nichts mit dem Traum anzufangen wusste, nahm ich ihn nicht weiter ernst und vergaß ihn schnell.

Ungefähr zwei Wochen später verletzte ich mich während eines Auftritts. Jede Bewegung schmerzte. Ich kam ins Krankenhaus und der behandelnde Arzt zeigte mir die Röntgenaufnahmen.

„Sehen Sie", sagte er, „Sie haben eine Stopfnadel in Ihrem Körper, wussten Sie das?"

Ich traute meinen Augen nicht: Auf den Fotos erkannte ich einen scharfen, langen Gegenstand in der Höhe meines Brustkorbs – genau wie ich es in meinem Traum gesehen hatte!

„Entspannen Sie sich", meinte der Arzt, „die Nadel ist verrostet, sieht merkwürdig aus, ist aber nicht gefährlich, weil sie eingekapselt ist."

Der Arzt erklärte mir, dass die Nadel wahrscheinlich seit meiner Kindheit in meinem Körper stecke.

Diese Begebenheit hat mir gezeigt, dass wir tatsächlich im Traum erkennen können, wenn etwas in unserem Körper nicht stimmt.

Die Krankheit als Symbol

Krankheiten deuten sich mitunter in Träumen an. Träumen Sie beispielsweise regelmäßig von defekten Leitungen oder Apparaten und schmutzigem Wasser, dann sollten Sie sich einmal von einem Arzt durchchecken lassen.

Vor kurzem träumte ich, dass ich mit Schlamm gefüllt sei. Der Schlamm wollte aus meinem Körper hinaus, wusste aber nicht wie. Ich ahnte, dass mit mir etwas nicht in Ordnung war, und unterzog mich deswegen bei einem Arzt einem VEGA-Test. Dabei werden mit einem Elektroakupunkturgerät energetische Störungen in den Organen aufgespürt. Das Messergebnis ließ darauf schließen, dass mein Darm voller Pilze und Bakterien war. Das ist an sich völlig normal, denn der Verdauungstrakt eines jeden Menschen wird von vielen darmfreundlichen, lebensnotwendigen Bakterien besiedelt. Sind wir aber geschwächt oder stehen wir aus verschiedenen Gründen unter Stress, dann kann es sein, dass Schimmelpilze das Regiment übernehmen und dass Parasiten oder Bakterien, die für unseren Darm schädlich sind, von unserer Schwäche profitieren. In diesem Fall ist das natürliche Gleichgewicht gestört.

Weil der Anteil schädlicher Schimmelpilze in meinem Darm zu hoch war, wie der Test zeigte, empfahl mir der Arzt Darmspülungen in Kombination mit Kräutern, um das Gleichgewicht in meinem Verdauungstrakt wiederherzustellen. Hätte ich meinen Traum nicht ernst genommen, dann hätte ich die Pilze vielleicht viel länger mit mir herumgetragen und es hätten sich mit der Zeit womöglich sogar ernsthafte Gesundheitsprobleme bei mir eingestellt.

Die vom Arzt verordnete Darmreinigung unterstützte ich durch Visualisierungen. Außerdem sprach ich regelmäßig mit meinem Darm und fragte ihn, welche Botschaften er für mich habe. Ich bedankte mich sogar bei den Schimmelpilzen und den Giftstoffen und forderte einen gesunden Körper mit einem wiederhergestellten Gleichgewicht: Vor dem Schlafengehen stellte ich mir regelmäßig sauberes Wasser und einen gesunden Körper vor. Ich bin mir ganz sicher, dass meine Visualisierungen den Gesundungsprozess beschleunigt haben.

Unsere Vorstellungskraft kann heilen!

Sobald wir unsere Träume und unsere Traumbilder regelmäßig auf etwas richten, was wir erreichen möchten – sei es körperliche oder emotionale Gesundheit –, erschaffen wir quasi eine Blaupause davon in unserem Gehirn. Das bedeutet: Visualisieren wir es öfter oder träumen wir häufiger davon, dass wir gesund sein oder werden wollen, so erschaffen wir ein immer dichter werdendes dreidimensionales neuronales Netz in unserem Gehirn, ein Netz aus Nervenzellen also, das uns unserem Ziel näher bringt.

Weil sich unsere Träume über unser Gehirn manifestieren, erschaffen wir eine Art „Neuro-Hologramm" für das, was wir wollen. Das Gehirn kennt dabei nicht den Unterschied zwischen einem auf Vorstellung gegründetem Hologramm und einem Hologramm, das auf Erfahrung basiert. Deshalb beginnt es zu glauben, dass das auf der Vorstellung beruhende Hologramm wahr ist. Das Gehirn verhält sich so, als sei das Hologramm bereits verwirklicht. Damit steigt die Chance, dass der Traum Wirklichkeit wird, um ein Vielfaches.

Träumen wir zum Beispiel von etwas, wovor wir Angst haben, oder erfahren wir etwas im Wachzustand als beängstigend, dann entsteht davon ein Neuro-Hologramm, ein Bild, in unserem Gehirn, und das, wovor wir uns fürchten, wird real für uns. Jedes Mal, wenn wir an das Bild denken, senden wir es in das Universum. Alles, was zu dem Bild passt, wird nun „angezogen“: Menschen, Tiere, Gedanken, Ereignisse und Informationen. Dieses Gesetz der Anziehungskraft wirkt immer und überall.

Übertragen auf das Thema „Heilung und Erkrankung“ bedeutet das: Kranke Menschen sind meist nicht in der Lage, ein Neuro-Hologramm für Gesundheit zu erschaffen, da sie sich zu sehr mit ihrer Krankheit und mit den dazugehörigen Ängsten befassen. Sie wollen meist nur eines: dass die Krankheit verschwindet. Dadurch konzentrieren sie sich auf das, was sie nicht wollen – auf die Krankheit.

Um geheilt zu werden, müssen Kranke genau das Gegenteil tun: Sie müssen die Heilung sehen. Nur so erzeugen sie das entsprechende Neuro-Hologramm dafür, dass sich tatsächlich Heilung manifestiert. Möchten Sie zum Beispiel Engeln begegnen, dann sollten Sie sich vorstellen, diese himmlischen Wesen zu sehen. Wollen Sie Liebe, dann träumen Sie davon, dass die Liebe da ist. So wird Ihnen schon bald all das begegnen, was auf Ihrer Wunsch- oder Traumliste steht.

Arthritis in den Händen

Ich habe oft erlebt, dass Menschen zu mir kamen, weil sie geträumt hatten, ich könne ihnen dabei helfen, gesund zu werden. Ein Beispiel dafür ist eine Frau, die an Arthritis in den Händen litt. Sie hatte alles versucht, um die Krankheit zu besiegen. Eines Tages träumte sie, sie müsse zu mir kommen, um geheilt zu werden. Ich habe sie behandelt und binnen eines Jahres war sie gesund. Mit dieser kleinen Begebenheit will ich niemandem erzählen, wie großartig ich bin. Vielmehr will ich verständlich machen, dass Träume Wege aufzeigen können, wie wir gesund werden. Die Heilkräfte werden in dem Augenblick in uns aktiviert, indem wir diesem Weg folgen.

Die Frau mit Arthritis besitzt ihr eigenes unermessliches Heilungspotenzial, das seit Urzeiten in ihr schlummert. Wie viele andere Menschen hat auch sie die Kraft der Heilung auf eine andere Person projiziert, in diesem Fall auf mich. Ich wurde zum Sinnbild für diese Kraft. Für die Frau war es offensichtlich einfacher, daran zu glauben, dass etwas außerhalb von ihr sie gesund machen könne. Tatsache ist, dass ich wenig tun musste, denn die Blaupause für die Heilung war bereits in ihr angelegt.

Gebrochene Rippen

Ich habe nicht nur anderen Menschen geholfen, ihr Heilungspotenzial zu aktivieren und so gesund zu werden. Ich selbst habe nach einem Trainingsunfall mithilfe von Traumbildern ein Hologramm für meinen eigenen Heilungsprozess in meinem Gehirn erzeugt: Während eines Karatetrainings hatte mir mein Partner aus Versehen die Rippen gebrochen. Jeder Atemzug wurde für mich zur Qual. Ich konnte weder lachen noch husten oder niesen. Selbst zur Toilette zu gehen war mit großen Schmerzen verbunden.

In diesem unerträglichen Zustand legte ich mich in mein Bett und begann zu visualisieren, wie sich die Schmerzen in absehbarer Zeit auflösen würden. Dabei stellte ich mir kleine Anästhesisten vor, die die Schmerzen mit Liebe linderten, bis sie vollkommen verschwunden sein würden. Dies tat ich immer wieder und nach drei Tagen waren die Schmerzen zunächst weg. Ich dachte, ich sei geheilt. Beim nächsten Training jedoch machte ich eine unbedachte Bewegung und die Schmerzen schossen erneut durch meinen Körper. Mir wurde klar, dass ich den Bruch nicht geheilt, sondern lediglich die Schmerzen bezwungen hatte.

Deshalb beschloss ich, den Dingen auf den Grund zu gehen. Denn tief in mir wusste etwas, dass der Rippenbruch kein Unglück war, vielmehr steckte eine sehr schmerzhaft verpackte Botschaft an mich dahinter. Darum wollte ich nun nicht nur dafür sorgen, dass der Bruch verheilte, ich nahm mir außerdem vor, mit meinen Rippen zu sprechen und sie zu fragen, warum ich dieses schmerzhafte Geschenk erhalten hatte. Was konnte ich nicht sehen? Was musste mir auf so brutale Weise klargemacht werden, weil ich es anders offensichtlich nicht begriff? Was sollte ich verändern? Jeder kann solche oder ähnliche Fragen an seine Seele richten, denn sie will uns durch die Krankheiten immer etwas mitteilen.

In meinem Fall wurde immer deutlicher, was mir meine schmerzhaften Rippen sagen sollten: Würde ich weiter so leben, wie ich es tat – immer im Stress, pausenlos unterwegs von einem Ort zum anderen hetzend –, dann würde ich auf Dauer sehr krank werden. Ich musste also unbedingt langsamer treten, mir mehr Zeit für mich nehmen – einfach nur sein und nichts tun, mich regenerieren und wieder aufladen. Ich dankte meinen Rippen für ihre Antwort und versicherte ihnen, dass ich die Lektion verstanden hatte und mein Leben ändern würde.

Jetzt konnte ich an meiner Genesung arbeiten. Ich träumte, sooft ich konnte, von der Heilung des Bruchs. In Gedanken sah ich die Rippen zusammenwachsen. Ich sah, wie viele kleine Männchen Überstunden einlegten, um sie zu stärken: Engelchen, die Sternenstaub über meine Rippen streuten und Liebe auf mich übertrugen. Dank meines medizinischen Wissens war ich in der Lage, die Heilungsprozesse bis auf die mikroskopische Ebene zu visualisieren. Ich beobachtete, wie die Knochenzellen im Verlauf der Heilung stark und hart wurden, und stellte mir vor, dass neue Knochensubstanz entstand, so wie auf einer betriebsamen Baustelle ein Gebäude aus dem Boden gestampft wird.

All das visualisierte ich, sooft ich konnte – bevor ich einschlief, beim Aufwachen und mehrmals am Tag. Nach drei Tagen war der Bruch geheilt. Dies geschah, weil ich durch meine Traumbilder ein Hologramm, eine Art Blaupause im Gehirn, für die Heilung erschaffen hatte.

Ich habe in meinem Leben Zeiten gehabt, wo ich mit Tränen einschlief, und in meinen Träumen kamen nun die lieblichsten Gestalten, mich zu trösten und zu beglücken, und ich stand am andren Morgen wieder frisch und froh auf den Füßen.

Johann Wolfgang von Goethe

Traum-Tipps für mehr Gesundheit

Träume lassen sich sowohl einsetzen, um Krankheiten vorzubeugen als auch um gesund zu bleiben und bereits entstandene Erkrankungen zu heilen. Vorbeugend wirken folgende Übungen:

- Träumen Sie in Ihren Gedanken bereits vor dem Schlafengehen davon, dass sich Ihr Körper während der Nacht vollkommen von den Anstrengungen des Tages erholen wird.
- Besuchen Sie im Traum Ihren persönlichen Ort der Heilung und Erneuerung. (Hier kann Ihnen die beiliegende CD mit einer wundervollen Traum-Meditation hilfreich sein.) Visualisieren Sie vor dem Schlafengehen, wie dieser Wohlfühl-Ort aussieht, an dem Sie abschalten, sich wunderbar entspannen und erholen und an dem Sie frische, gesunde Energie tanken können. Stellen Sie sich vor, wie Sie sich dort pflegen und verwöhnen lassen und wie Sie geheilt werden.
- Stellen Sie sich vor, wie Sie sich jeden Morgen nach dem Aufstehen stärker, gesünder und kraftvoller fühlen.
- Sehen Sie Ihren Körper in einem gesunden Zustand.

Alles, was Krankheiten vorbeugt, kann auch die Heilung unterstützen. Darüber hinaus sind folgenden Übungen hilfreich, um der Ursache einer Krankheit auf die Spur zu kommen und um von ihr zu genesen:

- Bitten Sie Ihre Krankheit oder Ihr krankes Organ vor dem Schlafengehen um Klarheit. Wie lautet die Botschaft, die Ihre Erkrankung oder Ihr krankes Organ in sich trägt? Schreiben Sie den Traum dieser Nacht auf. Denken Sie dabei an alle Einzelheiten. Was sind die Besonderheiten des Traums? Können Sie einen Zusammenhang mit der Erkrankung erkennen?

- Zeichnen Sie eine Blüte und malen oder schreiben Sie das Bild, die Person, die Erscheinung oder das Symbol, das beziehungsweise die Ihnen in Ihrem Traum am deutlichsten aufgefallen ist, in die Mitte der Blüte. Halten Sie anschließend in den Blütenblättern all das fest, was Sie damit in Verbindung bringen. Können Sie nun erkennen, was der Traum Ihnen über Ihre Krankheit sagen will?
- Nehmen Sie sich tagsüber mehrmals Zeit, um bewusst mit Ihrer Erkrankung zu sprechen und sie zu fragen, welche Botschaft sie für Sie hat.
- Stellen Sie sich vor, dass Sie das Organ sind, in dem Sie Beschwerden haben. Haben Sie zum Beispiel Schmerzen im Knie, dann sind Sie in Ihrer Vorstellung Ihr eigenes Knie. Schreiben Sie nun als Knie einen Brief an sich selbst, beginnend mit: „Liebe(r) …, dies ist ein Bericht von mir, deinem Knie. Was ich dir deutlich machen möchte, ist … Was ich von dir brauche, ist …" Denken Sie nicht zu viel und zu lange über das nach, was Sie notieren, sondern beginnen Sie einfach damit, Ihre spontanen Gedanken aufzuschreiben.
- Wenn Sie herausgefunden haben, was Ihre Erkrankung Ihnen deutlich machen will, und wenn Sie wissen, was sie brauchen, können Sie Ihre

Traumbilder entwickeln und Ihre Absicht vor dem Schlafengehen konkret formulieren, damit sich diese im Traum manifestieren kann.

Traum-Tipps für Ihre Zukunft

Wollen Sie Ihr Leben verändern und Ihre Zukunft positiv beeinflussen? Dann bitten Sie Ihre Träume um Hilfe. Folgende Übungen unterstützen Sie dabei, dass Ihre Forderungen, Ihre Wünsche und Ihre Hoffnungen sich erfüllen:

Machen Sie sich vor dem Schlafengehen ein Bild davon, wie Sie sich sehen wollen, wenn Sie am nächsten Morgen wach werden. Haben Sie zum Beispiel eine kurze Nacht vor sich, weil Sie früh aufstehen müssen, dann konzentrieren Sie sich auf das Bild, wie Sie fit aufwachen und erfüllt sind von Energie, dass ein wundervoller Tag vor Ihnen liegt. Ein anderes Beispiel: Wollen Sie fit werden, indem Sie regelmäßig Sport treiben, hatten bislang jedoch nicht den nötigen Biss dazu, dann visualisieren Sie vor dem Einschlafen, wie Sie am nächsten Tag glücklich ins Sportstudio gehen. Stellen Sie sich vor, wie gut Ihnen die Bewegung tut, wie leicht Ihnen das Training fällt und wie Sie die körperliche Aktivität in vollen Zügen genießen.

Erschaffen Sie sich Ihr vollkommenes Zukunftsbild. Wie sehen Ihre Wünsche und Ziele aus? Stellen Sie sich diese in Ihrem Traumbild so vor, als wären sie bereits wahr geworden.

Welche Charaktereigenschaften und Fähigkeiten wollen Sie weiterentwickeln, um Ihr Leben positiv zu verändern? Was brauchen Sie, um Ihren Alltag voller Energie und Kraft zu gestalten? Stellen Sie sich bildlich vor, wie Sie mit diesen neuen Eigenschaften und Fähigkeiten leben. Fühlen Sie, wie es Ihnen damit gehen wird. Denken Sie darüber nach, was Sie sagen werden, was Sie tun werden und wie die Menschen um Sie herum reagieren werden, wenn Sie Ihre neuen Fähigkeiten vollkommen in Ihr Leben integriert haben.

Kapitel 6

Werden Sie Teil Ihrer Träume

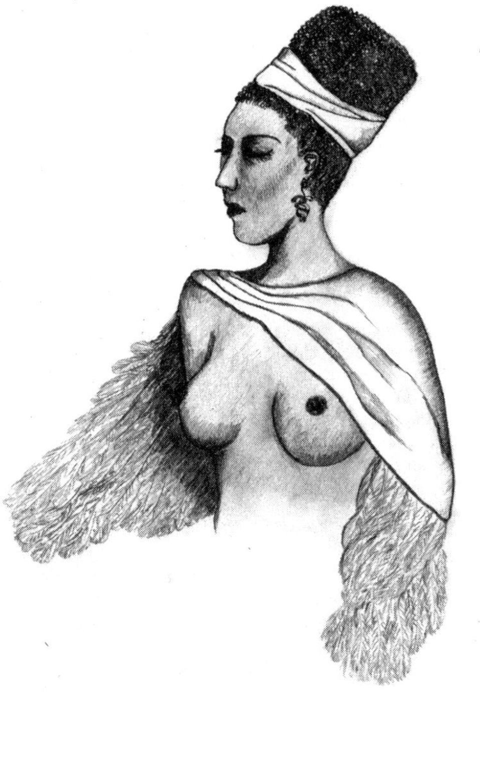

In der Stille der Nacht wird neues Leben geboren. In der dunklen Stille der Nacht, wenn die Sterne hoch am Himmel stehen und der Mond unseren Pfad erleuchtet, können die Traumwege offene Kanäle sein – zur Quelle der Weisheit – und eine Pforte zu unserer eigenen Seele und zur sich kollektiv entwickelnden Seele.

Mayana

Damit unsere Wünsche Wirklichkeit werden, müssen wir die Disziplin aufbringen, um uns dessen bewusst zu werden, was wir wollen. Das Bild unserer Wünsche müssen wir immer wieder in das Universum hinausschicken. Es ist gut, die Zeichen zu verstehen, die uns der Kosmos schickt.

Es ist eine stete Interaktion zwischen uns und dem Universum: Das Universum spricht zu uns und wir können seine Signale wahrnehmen. Wir können sie uns vorstellen, sie sehen, fühlen und noch vieles mehr. Wir können unsere Augen öffnen für die Verbindungen im Kosmos. Träume sind hierfür ein wertvolles Hilfsmittel. Je häufiger wir in unseren Träumen nach deutlichen Botschaften fragen, desto besser trainieren wir unsere Fähigkeit, die an uns gerichteten Botschaften des Universums zu empfangen. Dadurch können wir unseren Pfad in der Realität immer deutlicher erkennen und sind in der Lage, uns sicher und zielgerichtet einen Weg durch den Nebel des Lebens zu bahnen.

Flexibel und kreativ entscheiden

Stellen Sie sich vor, dass wir alle auf einem „Traum-Spielfeld" leben, auf dem wir folgende Aufgaben zu lösen haben: Wir müssen herausfinden, wer wir nicht sind. Wir müssen entdecken, welche Rolle wir zu spielen gelernt haben. Und wir müssen festlegen, wer wir sein wollen. Es ist ein Spielfeld, auf dem unsere Seele geheilt und mit den Fähigkeiten angereichert werden kann, die zu uns passen und die uns in unserer Entwicklung unterstützen.

Auf unsere Entscheidungen gibt uns das Leben, die Welt um uns herum, immer ein Feedback. Diese Rückmeldungen sind Zeichen, die uns das Universum zum Beispiel in unseren Träumen schickt, damit wir unseren Kurs festlegen und sehen können, wo wir in unserer persönlichen Entwicklung stehen.

Dieses Feedback, das sich oft auch durch schicksalhafte Fügungen zeigt, erzeugt in uns eine Reaktion, die unseren persönlichen Entwicklungsstand und unseren Seinszustand widerspiegelt. Diese Rückmeldungen erreichen uns unentwegt. Selbst die Art und Weise, wie wir am Morgen aufstehen, ist ein Feedback für unser Unterbewusstsein; das, was wir tun, spiegelt wider, wo wir stehen und wie bewusst wir uns dessen sind, dass wir selbst die Richtung bestimmen und jederzeit entscheiden können, wie wir uns fühlen wollen. Wachen wir morgens zum Beispiel schlecht gelaunt auf, dann werden wir die kommenden Stunden anders erleben, als wenn wir frisch und froh in den Tag gehen.

Wie wir uns fühlen und was wir tun – das können wir selbst entscheiden. Wir können wählen, ob wir ehrlich zu uns und zu anderen sein oder ob wir ein Doppelleben führen wollen. Ist das Glas halb voll oder halb leer? Wir selbst legen fest, wie wir die Wirklichkeit betrachten. Unser Ideenreichtum und unsere Flexibilität sind maßgebend dafür, ob sich unerwünschte Situationen in unserem Leben verändern und ob wir das manifestieren können, was wir wollen, um unserer inneren magischen Welt Ausdruck zu verleihen. Sobald wir dabei die gewohnten Bahnen verlassen, erhalten wir vom Leben und in unseren Träumen ein entsprechendes Feedback.

In unseren Träumen erfahren wir, auf welchem Weg wir sind und welche Dinge wir nicht angepackt haben: Unverarbeitete Emotionen, Konflikte, Trauer und tief sitzende Probleme haben wir vielleicht in einen derart großen Schrank gesteckt, dass wir den Überblick verloren haben und nicht einmal mehr wissen, was sich alles in diesem Schrank befindet. In unseren Träumen erfahren wir auch, in welchen Situationen wir nicht wir selbst sind. Viele Menschen sind zum Beispiel im Alltag sehr unsicher, tun aber häufig so, als seien sie Herr der Lage. Oft kompensieren sie die Unsicherheit mit Arroganz und unterkühltem Auftreten. In Träumen wird all das schonungslos aufgedeckt. Fühlen Sie sich sicher und geborgen in Ihrem Leben? Ihre Träume zeigen Ihnen, wie Sie einen solchen Zustand erreichen können.

Vielleicht sind Sie auch immer wieder unglücklich. In diesem Fall können Träume sogar eine Fluchtmöglichkeit sein. Vielleicht träumen Sie von einem Urlaub. Diese Reise kann Ihnen signalisieren, dass Sie an Lebensmut gewinnen werden und weitermachen wollen, weil Sie tief in sich drin spüren und aus den Erfahrungen Ihres Traums wissen, dass Sie auch andere Möglichkeiten haben. Sie wissen, dass da noch etwas anderes, ein anderes Selbst ist. Ein Selbst, das in der Nacht Dinge erlebt, von denen Sie im Alltag nicht einmal zu träumen wagen. Oder vielleicht doch?

Träume sind eine Ausdrucksform unserer Kreativität und Flexibilität. Sie geben uns Rückmeldung von unserem Selbst, von unserer Seele. Wir haben verschiedene Systeme, über die dieses Feedback erfolgen kann: Das können Emotionen, Gefühle, Bilder, Visionen, körperliche Beschwerden und Träume sein. *Mein kleines Buch vom Träumen* will Ihnen helfen, die Rückmeldung Ihrer Seele genauer anzuschauen, und zwar aus einer anderen Perspektive als bisher. Vielleicht gelingt es Ihnen, all das auf eine Art zu betrachten, die es Ihnen erleichtert, sich Ihrem kreativen Potenzial zu öffnen, Ihre Vorstellungskraft zu erweitern, sodass Sie die Möglichkeit erhalten, Ihre Wirklichkeit selbst zu gestalten.

Auf der Suche nach dem Selbst

Das tief innerste Bedürfnis des Menschen ist es, zu erfahren, wer er wirklich ist, um seinem wahren Ich im Leben Ausdruck verleihen zu können. Damit wir das verwirklichen können, müssen wir zunächst einmal erkennen, wer wir zu sein glauben. Dafür definieren wir unser Sein neu und beginnen uns selbst mit anderen Augen zu sehen.

Haben wir die Reise auf Erden einmal begonnen, geschieht es leicht, dass wir uns festgefahren fühlen. Wir spüren, wie schwierig es ist, wir selbst zu sein. Oft wissen wir nicht einmal, was „wir selbst sein" eigentlich genau beinhaltet. Und manchmal denken wir nur fälschlicherweise, dass wir wirklich wir selbst sind, weil wir uns fragen, wer wir denn sonst sein sollten? Wir alle versuchen bei alldem den Schein zu wahren und so zu tun, als gehe es uns gut. Wir verbergen, was uns wirklich bewegt. Dabei decken wir uns häufig mit Überzeugungen ein, von denen wir glauben, dass sie unser Leben stützen. Solche Glaubenssätze lauten: „Ich muss stark sein. Es geht niemanden etwas an, wie ich mich fühle. Ich bleibe freundlich und ruhig, einfach sachlich. …"

Während wir mit aller Kraft den Anschein erwecken wollen, dass es uns großartig geht, spielt sich in uns oft etwas ganz anderes ab. Nahezu jeder Mensch führt ein solches Doppelleben. Und da wir selbst in diesem Widerspruch leben, senden wir auch widersprüchliche Signale, eine Art Rauschen, in die Welt hinaus. Wir müssen uns also nicht wundern, dass wir auch widersprüchliche Signale zurückbekommen. … Seien Sie also nicht frustriert, dass andere nicht konkret auf Sie eingehen und den Menschen um Sie herum oft das Einfühlungsvermögen für Ihre Situation zu fehlen scheint.

Aber auch in glücklichen Momenten sind wir häufig nicht wir selbst. Wir würden unser Gefühl dann am liebsten von den Dächern schreien, unterlassen es aber – aus Rücksicht auf die Menschen, die nicht glücklich und froh sind. Oder wir nehmen uns zurück, weil wir Angst davor haben, uns gehen zu lassen, und weil andere unser Verhalten missbilligen könnten. In der Nacht und am Tag träumen wir unterdessen davon, wie frei wir uns fühlen würden, wenn wir unsere Gefühle ausleben könnten.

Wir fürchten uns davor, vollkommen wir selbst zu sein, und verhalten uns auf eine Art und Weise, die scheinbar kollektiv gut geheißen wird. Dabei verkümmern wir innerlich. Aber genau das wollen wir nicht! Wir wollen das Gegenteil: Wir wollen vollkommen wir selbst sein, in aller Freiheit, und angenommen werden, wie wir sind. Es ist, als stünden wir alle miteinander in einem Stau und fragten uns, warum das Auto ganz vorn nicht einfach weiterfährt – denn dann könnten alle anderen auch fahren. Wir schieben die Verantwortung auf andere. Doch solange wir den Schlüssel zu unserem Glück außerhalb von uns selbst suchen, werden wir ihn nicht finden.

Wir selbst zu sein bedeutet glücklich zu sein

Das wahre Glück stellt sich erst dann ein, wenn wir ganz wir selbst sind. Und damit ist nicht das begrenzte Selbst gemeint, vielmehr das unbegrenzte – das, was wir wirklich sind, waren und immer sein werden. Es ist das Selbst, das immer anwesend ist, vor, während und nach allem, was wir tun. Wir sind der strahlende, unveränderliche Hintergrund, durch den alles andere bestehen kann und aus dem sowohl das Leben als auch die Träume hervorgehen. Das alles klingt einfach und dennoch ist es immer wieder schwierig, im eigenen Selbst zu leben, weil wir sehr oft nicht fühlen, dass wir unbegrenzt sind.

Und weil wir uns nicht ohne Grenzen wahrnehmen, haben wir auch keinen Zugang zur unerschöpflichen Energie. Diese Energie brauchen wir, um zu erkennen, wie gut wir sind. Stattdessen verwenden wir diese Energie allzu oft, um uns selbst und andere davon zu überzeugen, dass wir begrenzt sind, persönliche Probleme haben und es nicht verdienen, wirklich glücklich zu sein. Der falsche Gebrauch dieser kostbaren Energie ist der Grund, warum wir oft sehr erschöpft sind.

Gefangen in unseren Rollen

Von unserem tiefsten Bedürfnis, unserem Selbst Ausdruck zu verleihen, sind die meisten von uns weit entfernt. Im Gegenteil:

Geboren aus der Sehnsucht nach Liebe entscheiden sich viele von uns dafür, ein Doppelleben zu führen.
Geboren aus der Überzeugung, dass wir nicht wirklich wir selbst sein dürfen, führen wir ein Doppelleben.
Geboren aus der Ansicht, dass wir die Liebe nicht verdient haben, führen wir ein Doppelleben.
Geboren aus der Angst, selbst die Verantwortung für unser Leben zu übernehmen und Entscheidungen authentisch zu treffen, nehmen wir eine Rolle an und führen ein Doppelleben.
Geboren aus einem Mangel an Selbstliebe, führen wir ein Doppelleben.
Geboren aus der Überzeugung, dass wir den anderen brauchen, weil wir selbst nicht gut, klug und schön genug sind, sind wir freundlich zu anderen, anstatt wirklich freundlich zu sein. Wir führen ein Doppelleben.

Sie sehen, wie schnell und wie oft wir in Rollen schlüpfen, in denen wir nicht wir selbst sind und die unserem innigsten Wunsch und unserem Drang, frei zu sein, widersprechen. Um unsere echten Bedürfnisse auszuleben, müssen wir unsere Emotionen, unsere Beweggründe entdecken und zu unserem wahren Kern vorstoßen, anstatt uns in alle möglichen Rollen zu flüchten und unsere Gefühle zuzudecken.

Aber: Wie tief unsere Ängste und Frustrationen – unsere Gefühle – auch versteckt sein mögen, sie beeinflussen unser tägliches Leben, unsere Gesundheit und unsere Träume. Unsere Träume zu deuten ist also eine Möglichkeit, um Zugang zu unseren Emotionen zu bekommen und zu uns selbst zu finden.

Erfahrungen in Träumen verarbeiten

Wie jede Krankheit eine Botschaft enthält, die nur für den kranken Menschen bestimmt ist, so richten sich die Mitteilungen, die wir durch unsere Träume erhalten, immer ganz persönlich an uns selbst. Die Symbole in unseren Träumen sind Schlüssel zu ihrem Verständnis. Jeder Mensch gibt diesen Zeichen eine eigene Bedeutung und hat eine ganz individuelle Beziehung dazu. So sollten Sie sich beim Deuten ihrer Träume niemals ausschließlich auf Bücher verlassen, in denen Traum-

Symbolen bestimmte feststehende Bedeutungen zugeordnet sind, die angeblich für alle Menschen Gültigkeit besitzen. Auch wenn solche Bücher dann und wann interessante Anregungen liefern oder als Orientierung dienen können, empfehle ich, beim Deuten eines Traums hauptsächlich der eigenen Intuition zu folgen.

Jede neue persönliche Erfahrung kann einen Impuls geben, durch den verborgene Erinnerungen und Emotionen der Seele freigelegt werden. Eine neue Bekanntschaft kann ebenfalls jederzeit und unerwartet altes Leid an die Oberfläche spülen. Ein solcher Impuls mag plötzlich tiefe Traurigkeit und Kummer auslösen, denn gespeichertes und noch nicht verarbeitetes Leid, das bis zu diesem Moment für uns verborgen war, wird jetzt spürbar.

Zeigt es sich in einem Traum, können Bilder aus alten und neuen Erfahrungen ineinanderfließen … und so entsteht eine Mischung aus Informationen und Emotionen, die Tür und Tor dafür öffnet, dass altes Leid verarbeitet werden kann. Sobald das Leid, das manchmal bis in frühere Leben zurückreicht, verarbeitet ist, kommt ein neuer Traum, der uns wieder bis dahin ungeahnte Perspektiven eröffnet.

Leider werden Träume und Traumbilder in unserer Kultur häufig als Fantasiegebilde und deswegen als unsinnig und unwichtig abgetan. Würden wir unsere Träume und Traumbilder ernst nehmen und sie miteinander teilen, so könnten wir sehr interessante Übereinstimmungen entdecken, gemeinsam daraus lernen und letztlich besser in die Tiefen unseres Selbst vordringen.

Die Senoi

Im Dschungel von Malaysia lebt ein primitiver Stamm namens „Senoi". Die Senoi beginnen ihren Tag morgens damit, dass sie einander ihre Träume der vergangenen Nacht erzählen. Auch Kinder nehmen an diesem Ritual teil. Es wird danach gefragt, wie sich der Einzelne in seinen Träumen verhalten hat und wie er sich anders hätte verhalten können – für den Fall, dass sich diese Situation im Traum erneut ergeben sollte. Danach beschließen die Stammesmitglieder, wie man auf die Geschehnisse in den Träumen reagieren sollte, wenn sie im Alltag geschähen.

Weil jeder Traum öffentlich erörtert wird, ist klar, welches Bild die Stammesmitglieder von sich selbst und von den anderen haben.

Träume zu deuten ist die Grundlage für das tägliche Leben und den Umgang miteinander. Hat jemand davon geträumt, dass er mit einem anderen Stammesangehörigen gestritten hat, werden alle dazu angehalten, fortan sehr freundlich miteinander umzugehen.

Die Senoi verurteilen ihr Verhalten in ihren Träumen nicht, sie wollen vielmehr daraus lernen und suchen nach Möglichkeiten, wie sie anders handeln können. Wir können von den Senoi lernen, dass jeder negative Aspekt in unseren Träumen und im Leben transformiert werden kann. Angst kann zum Beispiel in Mut und in Liebe umgewandelt werden und Wut in Freundlichkeit. All das wirkt sich positiv auf die Gemeinschaft aus und ist darüber hinaus auch gut für jedes einzelne Mitglied dieser Gemeinschaft.

Macht über unsere Träume erlangen

In unseren Träumen werden wir häufig mit Ereignissen konfrontiert, die wir gern vermeiden würden. Mal verfolgt uns jemand, mal verirren wir uns. Solche Angst einflößenden Begebenheiten begegnen uns sowohl in den Träumen, in denen wir schlafen, als auch in unseren Wachträumen, der sogenannten „Realität". Dagegen haben wir es beim „hellen", luziden Träumen selbst in der Hand, was wir erleben. Luzide Träume sind Träume, in denen wir uns bewusst sind, dass wir träumen.

Für unangenehme Träume gilt: Oft erhalten wir das, was wir brauchen, aber selten das, was wir wollen. Haben wir dieses Prinzip verstanden, dann können wir aus einer anderen Perspektive auf Angst einflößende Träume schauen. Wir können lernen, bewusst zu träumen. Da wir wissen, dass wir träumen, können wir das, was wir erleben, selbst beeinflussen.

In der Praxis funktioniert das folgendermaßen: Sagen Sie immer wieder zu sich selbst, dass Sie sich bei ihrem nächsten Traum bewusst sein wollen, dass Sie träumen, und dass Sie deswegen selbst entscheiden können, was Sie in diesem Traum tun möchten. Wiederholen Sie diesen Satz über einen längeren Zeitraum regelmäßig, um Ihre Absicht fest in Ihrem System zu verankern.

Den Unterwasser-Traum, von dem ich bereits in Kapitel 4 unter „In Kontakt mit Engeln und Geistführern" berichtet habe (Seite 68 ff.), hatte ich mehrere Male in luzider Form: Ich schwamm unter Wasser und wusste, dass ich träumte. So konnte ich mich dafür entscheiden, unter Wasser atmen zu können.

Ein Beispiel aus der Praxis

Sarah, die ich auf einem meiner Workshops kennengelernt hatte, besuchte mich eines Tages in meiner Praxis. Sie erzählte mir von einem Traum, den sie immer wieder hatte. Darin konnte sie ihr Haus nicht finden und jedes Mal, wenn sie jemanden anrufen wollte, waren die Nummern auf ihrem Handy verschwunden.

Es wurde schnell deutlich: Sarah hatte den Weg zu sich selbst verloren. Ich schlug ihr vor, luzide zu träumen und dabei bewusst ein Teil des eigenen Traums zu werden.

Sie sollte regelmäßig ihren sich ständig wiederholenden Traum als Tagtraum träumen und sich vorstellen, dass sie die Erlebnisse beeinflussen konnte. Ich riet ihr, sich ein magisches Telefon ohne Nummern vorzustellen, das allein auf ihren Willen und ihre Stimme reagiert. Und für den Fall, dass sie ihr Haus in ihrer Traumwelt wieder einmal nicht findet, gab ich ihr einen imaginären Zauberstab, mit dem sie ihr Haus an den Ort zaubern kann, an dem sie es haben will. Zudem konnte sie es mit dem Zauberstab so groß und so schön erscheinen lassen, wie sie es sich wünschte.

Sarah veränderte nun nicht nur ihren Traum vom verlorenen Haus, in ihrem täglichen Leben haben wir ebenfalls einiges bewegt, sodass sie zu sich selbst zurückfinden konnte. Nach einer Sitzung, in der Sarah altes Leid aufgearbeitet, Menschen aus ihrer Vergangenheit vergeben und sich entschlossen hatte, ihren Weg in Liebe und nicht aus Angst und mit Leid zu beschreiten, kehrte der alte Traum nicht mehr zurück. Das Telefon und den Zauberstab nimmt Sarah als magisches Equipment seitdem auf all ihre Traumreisen mit.

Sarahs Erlebnis zeigt, dass wir einen anfangs schrecklichen Traum schließlich positiv für unser Leben nutzen können. Machen Sie sich dabei immer klar: Ihr Traum ist Ihr ganz persönliches „Spielfeld“, das Ihre Entwicklung und Ihre innere Welt unverfälscht widerspiegelt. Ihr tägliches Leben ist dabei wiederum Teil eines größeren, kollektiven Spielfelds, es ist ein Stück äußerliche Welt oder Realität.

Wenn Sie das Feedback, das Sie in Ihren Träumen erhalten, wirklich ernst nehmen und in den Träumen den magischen Schlüssel für Ihre Wirklichkeit sehen, werden Ihre Träume Teil Ihres Lebens und sich auch in der Realität verwirklichen.

Traum-Tipps

Träume sind ein wunderbares Instrument, das Sie zu Ihrem Selbst führt und Ihr Denken und Handeln in der Realität beeinflusst. Wollen Sie Ihre Träume für sich nutzen, dann stehen Ihnen verschiedene Möglichkeiten zur Verfügung:

- Sprechen Sie regelmäßig mit anderen Menschen über Ihre Träume. Vielleicht rufen Sie eine Traum-Arbeitsgruppe ins Leben, in der Sie Tipps und Erfahrungen austauschen. So bleiben die Geschenke, die Sie in Ihren Träumen erhalten, lebendig.
- Denken Sie daran, dass Sie für Ihr persönliches Handeln verantwortlich sind, auch in Ihren Träumen. Dagegen haben Sie nicht immer Einfluss darauf, was mit anderen Menschen geschieht oder

wie jemand anders reagiert. Träumen Sie zum Beispiel, dass einem guten Freund etwas Schlimmes passiert (von solchen Träumen können wir nie wissen, ob sie prophetischer Natur sind oder rein symbolische Bedeutung haben), dann können Sie den Traum weitergeben, sind aber nicht verantwortlich dafür, welche Schlüsse Ihr Freund daraus zieht.

- Sollten Sie Träume haben, die sich ständig wiederholen, die in Ihnen ein schlechtes Gefühl hervorrufen und die nicht aus Ihrem Gedächtnis verschwinden, dann können Sie einen tieferen Einblick in diese Träume erhalten, wenn Sie diese in Ihrem persönlichen Traum-Tagebuch niederschreiben. Gehen Sie dabei so weit wie möglich auf die Einzelheiten ein. Untersuchen Sie anschließend, an welcher Stelle Sie die Handlung des Traums beeinflussen können. Entspannen Sie sich nun, schließen Sie die Augen und stellen Sie sich vor, dass Sie genau an diesem Punkt in Ihrem Traum sind .... Handeln Sie jetzt entsprechend anders und nehmen Sie wahr, welche Auswirkungen dieses veränderte Verhalten auf den Verlauf Ihres Traums hat. Ist der Traum zu Ende, notieren Sie diesen so detailliert wie möglich. Achten Sie darauf, wie Sie sich fühlen. Sind Sie nicht vollkommen zufrieden, dann wiederholen Sie die Übung. Wahrscheinlich wird Ihr alter Traum, der das schlechte Gefühl ausgelöst hat, jetzt nicht mehr wiederkehren. Sollten Sie eine ähnliche Traumsituation allerdings dennoch wieder erleben, werden Sie sich dessen bewusst, dass sie Ihnen nicht schaden kann, und erinnern Sie sich daran, dass Sie den Traum aktiv verändern können. Übung macht den Meister!

- Fassen Sie tagsüber den festen Entschluss, sich nachts bewusst zu sein, dass Sie träumen. Denn in dem Moment, in dem Sie wissen, dass Sie träumen, werden Sie sich frei in Ihren Entscheidungen fühlen. So können Sie sich jederzeit an Ihrem Spielfeld „Traum“ erfreuen und das Spiel nach Belieben beeinflussen. Spielen Sie mit Ihren Möglichkeiten und seien Sie dabei geduldig. Machen Sie sich klar, dass Sie Ihre Situation und Ihre Erlebnisse zu jedem Zeitpunkt in der Hand haben, und dass Sie manchmal nicht das bekommen, was Sie wollen, sondern das, was Sie brauchen.
- Visualisieren Sie vor dem Schlafengehen, welche magische „Ausrüstung“ Sie in Ihre Träume mitnehmen möchten. Was benötigen Sie, um sich daran zu erinnern, dass Sie träumen, und um das Unmögliche möglich zu machen?

Kapitel 7

Geben Sie Ihre Träume niemals auf!

Vor etwa zwanzig Jahren fand an der Yale-Universität in den USA eine Untersuchung statt. Dabei wurden Studenten nach ihren Träumen und Wünschen für die Zukunft gefragt. Nur sieben Prozent aller Befragten schrieben einen Traum oder einen Wunsch auf. Zwanzig Jahre später wurden die Lebensläufe dieser ehemaligen Studenten unter die Lupe genommen. Das Ergebnis war mehr als verblüffend: Die glücklichsten und erfolgreichsten Menschen waren in eben dieser kleinen Gruppe zu finden, die damals einen Traum oder Wunsch aufgeschrieben hatte. Auch finanziell hatten sie mehr erreicht als die restlichen dreiundneunzig Prozent zusammen.

Was können wir daraus lernen? Das Unterbewusstsein nimmt das, was wir aufschreiben, ernst. Und es unternimmt alles, um unsere Wünsche wahr werden zu lassen. Wenn wir unsere Träume notieren, dann wertschätzen wir die Ernsthaftigkeit unserer Absicht: Wir meinen es wirklich ernst. Unser Unterbewusstsein registriert das und richtet sich danach.

In Carlos Santanas Wohnzimmer

Manchmal müssen wir viel Geduld haben, bis unsere Träume in Erfüllung gehen. Ein Beispiel dafür ist ein Traum, den ich als junger Erwachsener hatte und der erst dreißig Jahre später Wirklichkeit wurde: Mit achtzehn Jahren war ich depressiv und selbstmordgefährdet. Ich lag tagelang in meinem Bett, die Gardinen waren zugezogen. Meine Freunde waren ratlos, sie wussten nicht mehr, was sie mit mir tun sollten. Nachdem ich einige Tage im Bett verbracht hatte, ging plötzlich das Radio auf dem Nachtschränkchen an, weil ich beim Umdrehen an den Schalter gekommen war.

Im Radio erklang ein Lied, das mich tief berührte. Es war ein Instrumentalstück und mir kam es so vor, als würde sich der dunkle Schleier auf meiner Seele in diesem Moment ein wenig lüften. Das Lied wirkte so stark auf mich, dass ich es schaffte, meine Lethargie zu überwinden, und ich ging in ein Musikgeschäft. Dort suchte ich stundenlang nach dem Titel und fand schließlich heraus, dass er von Carlos Santana war und „Samba Pa Ti" hieß.

Ohne Übertreibung: Ich habe die Nadel meines Plattenspielers stumpf gespielt, weil ich das Stück von Santana einfach immer wieder hören musste. Jedes Mal, wenn ich es hörte, ging es mir ein wenig besser, bis ich meine Depression schließlich besiegt hatte. Jetzt konnte ich wieder lernen. Inzwischen hatte ich alle Schallplatten von Carlos Santana gekauft und ein großes Poster mit seinem Bild an die Wand gehängt.

Viele Jahre träumte ich davon, dem wunderbaren Musiker einmal persönlich zu begegnen und ihm für das Lied zu danken, das mein Leben gerettet hatte. Und ungefähr dreißig Jahre später stand ich Ellen, einer Ärztin, in einer für sie sehr kritischen Lebensphase bei. Etwa vier Wochen nach unserem letzten Gespräch rief sie mich dann an und fragte mich, ob ich einer kranken Freundin ebenfalls helfen könne. Die Freundin wohnte in San Francisco und ich war damals in Florida auf der anderen Seite der USA.

„Das ist viel zu weit weg und außerdem habe ich im Moment keine Zeit", antwortete ich ihr.

„Ja, aber", sagte Ellen, „meine Freundin ist die Frau von Carlos Santana, vielleicht möchten Sie doch noch einmal über Ihre Entscheidung nachdenken?"

Die Zusage fiel mir nun nicht mehr schwer und so saß ich einige Wochen später bei Carlos Santana im Wohnzimmer. Ich hatte seine Frau behandelt und traf ihn jetzt persönlich. Nach mehr als drei Jahrzehnten hatte sich mein Traum erfüllt. Endlich konnte ich mich bei ihm für das Lied bedanken, das mir damals aus meinen Depressionen herausgeholfen hatte. Carlos war gerührt und er schilderte mir, unter welchen Umständen „Samba Pa Ti" entstanden war. Auch ihm sei es damals nicht so gutgegangen. Er habe in einem New Yorker Hotel gewohnt, wo er vor sich hinstarrend auf seiner Gitarre gespielt habe. Plötzlich habe er draußen eine Melodie gehört. Er habe aus dem Fenster gesehen und einen obdachlosen Mann entdeckt, der auf einem Saxofon spielte. Die Melodie hatte Carlos dazu inspiriert, „Samba Pa Ti“ zu schreiben. „Black Magic Woman“, das Lied auf der A-Seite der Single, wurde ein Welthit und machte Carlos Santana bekannt.

Roys Träume gehen in Erfüllung …

Als Kind litt ich an Asthma. Meine Heilung habe ich den Ärzten zu verdanken. Sie waren meine Retter in der Not. Und so träumte ich als Kind davon, selbst Arzt zu werden. Jahre später studierte ich Medizin. Und als ich dann Arzt war, wurde ich sehr bald mit den Grenzen der Heilkunde konfrontiert. Oft gelang es mit medizinischen Mitteln nicht, Krankheiten zu heilen, vielmehr konnten nur die Symptome unterdrückt oder abgemildert werden.

Ein neuer Traum wurde geboren: Ich wollte Menschen helfen, die Ursachen ihrer Beschwerden selbst zu erkennen und dadurch ihren eigenen Beitrag zur Problemlösung zu leisten. Mittlerweile habe ich Tausende von Therapeuten und Trainern in verschiedenen Ländern darin unterrichtet, Menschen auf genau diese Art und Weise zu unterstützen.

Und ich habe einen neuen Traum: Ich möchte, dass all die Techniken, die uns gesund werden lassen und die unsere Lebensqualität verbessern, in Schulen gelehrt werden. Ich träume davon, dass Kinder lernen,

- ihre wahre Kraft zu erkennen und zu entwickeln;
- respektvoll miteinander umzugehen;
- die Verantwortung für ihre Emotionen selbst zu tragen und damit zu leben;
- die Kraft der Visualisierung bis zur Meisterschaft zu beherrschen und anzuwenden;
- dass in jeder Erkrankung eine Botschaft steckt;
- wie sie die Selbstheilungskräfte wecken und die Erde mit Respekt und Sorgsamkeit behandeln können.

Möge sich mein Traum mit den Träumen vieler anderer Menschen bündeln … und früher oder später wird er sich dann manifestieren. Das weiß ich sicher.

… und Mayanas Traum wird ebenfalls wahr

In meiner Jugendzeit war ich mir sicher, dass ich Sängerin werden würde. Außerdem wollte ich die Königin dieser Welt werden. Das schien mir damals eine gute Idee zu sein. Mein Hintergedanke dabei war: Gäbe es eine Königin für die ganze Welt, dann würde sie die Welt als ein Ganzes sehen, als eine Einheit, in der jeder Mensch gleich behandelt werden muss. Damals begriff ich nicht, warum die Wirklichkeit so anders aussah. Mir waren der Streit in dieser Welt und das Konkurrenzdenken fremd. Für alle anderen schien es normal zu sein. – Man muss eben ein bisschen besser sein als andere, um gut für sich selbst sorgen zu können, so lautete die Meinung allenthalben.

Zunächst erfüllte sich mein Jugendtraum nicht: Ich wurde nicht Sängerin. Denn als junge Erwachsene versuchte ich mehrere Jahre, den Traum eines anderen Menschen, meines damaligen Partners, zu leben. Ich habe seinerzeit alles dafür getan, jemand zu werden, der ich nicht war. Diese schmerzhafte Erfahrung bereue ich nicht, denn sie war wichtig für meine Entwicklung.

Nach einigen Umwegen wurde ich doch Sängerin, denn alle Niederlagen in meinem Leben konnten meinen Traum, den ich stets vor Augen hatte, nicht zerstören. Ich habe damals sehr viel über das Auf und Ab im Leben gelernt. Für meinen Traum habe ich mich dabei stets eingesetzt und ich werde diese wichtige Zeit nie vergessen. Obwohl viele Menschen mir rieten, endlich eine „normale" Arbeit anzunehmen, investierte ich stets in meine Karriere als professionelle Sängerin.

Einige Jahre lang arbeitete ich mit einem bekannten holländischen Sänger zusammen und sang in den größten Theatern und Stadien. Diese Zeit füllte mich aus, doch es kam der Moment, an dem ich fühlte, dass etwas Neues geschehen musste: Über die Zweifel, ob ich weiter singen sollte, und den Beginn meiner zweiten Gesangskarriere als Solistin habe ich eingehend im Kapitel 3 unter „Tiere als Symbole in unseren Träumen“ (Seite 55 ff.) berichtet.

Einen weiteren großen Schritt in eine neue Richtung habe ich gemacht, als mir nach den Studioaufnahmen während einer großen Veranstaltung in Deutschland meine erste Solo-CD *You are not alone* überreicht wurde. Mein Produzent Josef legte die kostbare Scheibe vor großem Publikum in meine Hände. Und das Publikum rief: „Sag etwas! Sag etwas!“

Und so sprach ich über meine Gefühle; darüber, wie seltsam es war, die CD nun in Händen zu halten – dabei liefen mir Tränen über die Wangen. Zitternd und schluchzend fuhr ich fort. Doch was ich sagte, kam direkt aus meinem Herzen. Ich ließ die Menschen im Saal wissen, wie wichtig es mir stets gewesen war, meinen Traum nicht aus den Augen zu verlieren – diesen einzigartigen Traum, der ganz allein meiner war. Und ich erzählte von meinen Ängsten, die ich hatte, seit die CD produziert war. Denn, so erklärte ich ihnen, dies bringe eine bestimmte Verantwortung mit sich und ich wüsste nicht, ob ich ihr gewachsen sei.

Ich sprach über meine Träume, die mit dieser Solo-CD verbunden waren. Ich sagte, dass ich mir wünsche, dass jeder, der meine Musik höre, wahrhaftig von der Liebe und Unterstützung berührt würde, die ich während des Entstehungsprozesses dieses Werkes erfahren hätte. Jeder Mensch solle wissen, dass er nicht allein sei – auch in den Momenten nicht, in denen er sich so fühle. Weiter erklärte ich, dass ich mir wünschte, gemeinsam mit allen Menschen einen Traum zu erschaffen, einen Traum für eine Menschheit, die in Liebe lebe. Die gesamte Menschheit stehe an einem Wendepunkt. Wichtige Entscheidungen müssten getroffen werden, wenn wir das Fortbestehen des Lebens hier auf Erden sichern wollten. Danach sang ich „Like water" und bat die Zuhörer, ihr Herz für dieses Lied zu öffnen und einander an den Händen zu halten.

Ich sagte: „Lasst uns alle visualisieren, dass das Wasser die Liebe in Form von goldenem, heilendem Licht über die ganze Erde trägt. Alle Orte, die dunkel sind, sollen durch unsere Kraft der Liebe erleuchtet werden, sodass dort, wo Krankheit ist, Heilung gebracht wird, damit dort, wo Angst ist, Liebe sein wird. Das ist mein Traum."

Ich war etwas erschrocken über die Intensität meiner eigenen Worte. Mir schien es, als könne nur eine Königin der Welt so sprechen. Dabei war ich mir, bevor ich die Bühne betrat, gar nicht im Klaren gewesen, welch große Wirkung ich bei den Menschen im Saal erzielen konnte.

Ein Jahr später lud mich der japanische Wissenschaftler Masaro Emoto ein. Das Lied „Like water" hatte ihn sehr berührt und darum bat er mich, es zum Auftakt seiner internationalen Friedenskonferenz zu singen. Gern nahm ich die Einladung an; es war mir eine große Ehre.

Ein Traum für diese Welt

Deine Träume sehnen sich nach dir …

Es gab Zeiten, in denen ich dachte, man könne nur eine Sache richtig gut machen, nur für eine einzige Sache wirklich einstehen. Mittlerweile habe ich gelernt zu akzeptieren, dass ich mich in vielerlei Hinsicht engagieren kann. Dass ich sehr gern singe, hindert mich nicht daran, Workshops zu geben, eine Praxis zu führen und mit Roy gemeinsam dieses Buch zu schreiben. All das gehört zu mir.

Und mich lässt das Gefühl nicht los, das alles, was ich in meinem Leben gelernt oder mir aufgebaut habe, wichtig war für einen höheren Plan – einen Plan, der sich erst in dem Augenblick voll erfüllen kann, in dem ich mein Selbst ganz erkannt und entfaltet habe. Ich bin davon überzeugt, dass ich viel „größer“ bin, als ich es mir vorstellen kann. Auch Sie können viel größer sein, als Sie sich das bislang erträumt haben. Auch Sie haben viele verschiedene Fähigkeiten. Und wie ich lassen Sie am besten alle Entweder-oder-Gedanken los, denken Sie stattdessen: und.

Die Zeit ist reif, in Möglichkeiten zu denken, nicht in Unmöglichkeiten. Davon gibt es genug auf dieser Welt. Es braucht ein Gegengewicht und dafür benötigen wir Menschen, die vorangehen und den Anfang machen – Menschen, die eine Vision und einen Traum *für* die Welt erschaffen. Darum ist es wichtig, eine Meinung zu haben; zu wissen, wofür wir stehen, wer wir sind und warum wir tun, was wir tun.

Meine Bitte an Sie ist: Sobald Sie in Ihrem Inneren einen Traum für die Welt haben, schreiben Sie ihn auf! Und während Sie Ihren Traum niederschreiben, schicken Sie ein Zeichen an Ihr Unterbewusstsein, damit es versteht, dass Sie es wirklich ernst meinen. So geben Sie Ihrem Traum einen Wert, und indem Sie Ihren Traum leben, ehren Sie diesen Wert.

Wenn Sie träumen, senden Sie den Traum in den Kosmos. So kommt er in das alle Menschen verbindende „Nullpunktfeld" und für diesen Traum wird ein Hologramm aktiviert. Dieses zieht alles an, was Sie zur Verwirklichung des Traums benötigen.

Seien Sie sich gewiss: Jedes Wort, das Sie aussprechen, jeder Traum und jeder Gedanke, den Sie haben – all das senden Sie aus und es wird Teil des energetischen Feldes der Erde. Über die Jahrhunderte hindurch wurden auf diese Weise viel Angst, Eifersucht und Leid, Schreie aus Kriegen und Gewalt in dieses Feld geschickt, sodass sich eine dicke Schicht von „Opferbewusstsein" über die Erde gelegt hat. Die Gefahr liegt darin, dass wir diese negative Energie anzapfen, uns von ihr nähren und so noch mehr davon erschaffen.

Die Aborigines sagen, das Leben sei nur ein Traum, der einst von den Ahnen geträumt worden sei. Wie die Aborigines glaube auch ich, dass das Leben wie ein Traum ist, aus dem wir jederzeit erwachen können, um uns unserer Situation bewusst zu werden und eine Wende in unserem Sinne herbeiführen zu können.

Wir sind als ewige Seelen zu Gast auf diesem magischen Planeten. Wir, die wir aus dem Traum erwachen, besitzen die Fähigkeit, die negativen Energien zu vertreiben, indem wir wählen, einen anderen, einen „Wunsch-Traum" zu träumen. Wir müssen nur den Mut haben, die Verantwortung dafür zu übernehmen.

Verändern Sie diese Welt! Vergeben Sie, wagen Sie es, zu träumen. Werden Sie optimistischer und wenden Sie den Blick Ihrem Potenzial, Ihren Möglichkeiten, zu und nicht dem, was noch nicht gut ist. Tragen Sie die Verantwortung dafür, dass das Leben auf Erden besser wird.

Machen Sie es sich zur Gewohnheit, sich mehrmals täglich daran zu erinnern, dass Sie Einfluss darauf haben, wie Sie leben. Erinnern Sie sich: Vielleicht ist das Leben ein Traum und nur so wirklich, wie Sie es haben wollen. Willkommen auf Erden, in dem Traum im Traum, bis Sie erwachen …

Ewige Einheit,
die in der Stille zu uns singt,
die uns voneinander lernen lässt.
Leite meine Schritte mit Kraft und Weisheit.
Möge ich die Lehren verstehen, wenn ich gehe,
möge ich den Zweck aller Dinge ehren.
Hilf mir, alles mit Achtung zu berühren,
immer von dem zu sprechen, was hinter meinen Augen liegt.
Lass mich beobachten, nicht urteilen.
Möge ich keinen Schaden verursachen
und Musik und Schönheit zurücklassen, wenn ich gehe.
Und wenn ich in das Ewige zurückkehre,
möge sich der Kreis schließen
und die Spirale breiter sein.

„Gesang“ der Aborigines[*]

---

[*] aus: Marlo Morgan: *Traumreisende*, © 1999, Wilhelm Goldmann Verlag, München, in der Verlagsgruppe Random House GmbH (Übersetzung: Elke von Scheldt), Seite 333.

Traum-Tipps

Sie haben nun schon so viele Traum-Tipps erhalten, erlauben Sie uns deshalb an dieser Stelle nur noch einen Hinweis:

- Es ist nie zu spät, von etwas zu träumen, und die Welt ist geduldig, wenn es darum geht, diese Träume zu erfüllen. Zeigen Sie, wer Sie sind, wofür Sie stehen und was Sie sich wünschen – ob Sie nun den Planeten retten wollen, ob Sie aus Überzeugung Lastwagen-Fahrer, Sängerin oder Krankenschwester sind oder ob Sie etwas ganz anders machen wollen. Achten Sie auf Ihre Träume, denn Ihre Träume zu verwirklichen ist, als ob sie Ihr Kind mir aller Liebe aufziehen. Geben Sie Ihre Träume niemals auf und haben Sie keine Angst sie Wirklichkeit werden zu lassen!

Nachwort

Loslassen bedeutet Leben

Am Abend des Tages, an dem Roy und ich Kapitel 7 dieses Buches noch einmal überarbeitet hatten, wollten wir gerade das Haus verlassen, um essen zu gehen, als ich auf eine Katze aufmerksam wurde, die von draußen durch das Fenster hineinsah. Sie blickte mir direkt in die Augen. Zu Hause in den Niederlanden wohnen zwei Katzen von mir bei meiner Mutter, seitdem ich sehr oft auf Reisen bin. Ich liebe diese Katzen sehr und habe eine starke Verbindung zu ihnen. Mit den Gedanken an diese Tiere ging ich hinaus zu der Katze am Fenster. Doch sie war längst fortgelaufen.

Roy und ich gingen danach essen, später ins Kino und anschließend zurück in unser Haus. Ich fiel in einen tiefen Schlaf und träumte, meiner Mutter gehe es nicht gut und sie mache sich Sorgen. Bereits im Traum erkannte ich: Das war ein Traum und zugleich ein Zeichen dafür, dass ich meine Mutter bald anrufen sollte.

Am nächsten Morgen geriet der Traum ein wenig in Vergessenheit. Nach meinen Yoga-Übungen wollte ich in ein Café fahren. Als ich ins Auto einstieg, fiel mein Auge auf das Verdeck unseres Cabrios. Es war voll von Katzenhaaren. Bei dem Anblick musste ich lächeln. Mir gefiel die Idee, dass eine Katze es sich hier über Nacht gemütlich gemacht hatte.

Ich fuhr los, und als ich wieder zu Hause war, las ich eine E-Mail von meiner Mutter. Die Nachricht war bereits einen Tag alt. Lola, meine Katze, sei ernsthaft krank, berichtete mir meine Mutter. Sie sei mit ihr mehrmals beim Tierarzt gewesen. Die Katze habe bereits eine Infusion erhalten. Lola sei ausgetrocknet, ihre Nieren arbeiteten nicht mehr. Der Arzt riet ihr, die Katze noch eine Nacht lang zu beobachten. Bessere sich ihr Zustand nicht, dann solle sie Lola am folgenden Tag zum Einschläfern bringen. Sie schrieb, wie schlimm sie es für mich fand, nicht dabei sein zu können und dass ihr diese Entscheidung sehr schwerfalle.

Diese Nachricht erschreckte mich und ich rief meine Mutter sofort an. Wegen der Zeitverschiebung war es in den Niederlanden bereits Nachmittag und ich fürchtete, dass Lola schon gestorben war. Tatsächlich erzählte mir meine Mutter, dass Lola am Morgen für immer eingeschlafen sei und sie die letzten Stunden bei ihr verbracht habe. Anschließend habe sie Lola zum Tierkrematorium gebracht. Sie betonte dabei mehrmals, dass Lola wirklich nicht mehr zu retten gewesen sei. Ich wusste, dass sie Recht hatte, und doch war ich unbeschreiblich traurig. Ihre Schilderung der letzten Stunden meiner Katze berührte mich mehr, als ich anfangs gedacht hatte. Lola war das Schwesterchen von Hippie, meiner zweiten Katze, und ich fragte mich sofort, ob Hippie nun, wo die Schwester nicht mehr da war, Probleme haben würde. Sie waren gemeinsam bei mir aufgewachsen und hatten sich stets gegenseitig geputzt. Das war immer so ein schöner Anblick: zwei Kätzchen, die einander die Schnäuzchen ablecken.

Ich teilte meine Trauer mit Roy, der mir riet, mich mit Lola zu verbinden. So könnte ich mich von ihr verabschieden, sie loslassen und vielleicht hatte sie noch eine Botschaft für mich. Tief in mir fühlte ich, wie gut sein Rat war.

Und so ging ich mit meinem Tagebuch zum Strand, um in meinen Traumbildern ein Gespräch mit Lola zu führen. Ich konnte mir nicht vorstellen, wie mir das gelingen sollte, denn ich dachte unentwegt daran, dass Lola nicht mehr da war, dass ich sie nicht noch einmal streicheln konnte und wie sehr ich sie vermissen würde. Am Strand angekommen, begab ich mich mit einem tiefen Seufzer auf die Reise zu Lola. Was aus diesem „Traumbesuch" entstanden ist, war etwas ganz Besonderes. Was Lola mir erzählte, habe ich in mein Tagebuch geschrieben:

„Ich musste bei dir sein, schon immer.

Ich war so froh, als Hippie und ich wieder bei dir wohnen durften, im großen Haus am Wasser. Endlich, dachte ich, darf ich wieder da sein, wo ich hingehöre, bei dir.

Bis du mich wieder zurück zu deiner Mutter brachtest. Ich hatte es schwer mit dieser Entscheidung, nicht weil deine Mutter nicht lieb gewesen wäre, sondern weil ich zu dir gehöre. Darum bin ich hierhergekommen.

Meine Aufgabe war es unter anderem, dir Botschaften zu übermitteln. Also musste ich in deiner Nähe sein. Das Bedürfnis, dir Zeichen zu senden, wurde intensiver, wann immer du mich gestreichelt hast.

Kannst du dich erinnern? Wenn du mich ganz zart zwischen meinen Augen gestreichelt hast, öffnete sich genüsslich mein Mund und ich fühlte mich sehr gut.

Ich habe verstanden, was du gefühlt hast: dass es nicht ging, zwei Katzen im Haus, all die Haare und die vielen Reisen. Lange Zeit habe ich mich angepasst. Doch ich konnte dir keine Botschaften mehr zukommen lassen und ich wusste, dass die wenigen Male, wenn du mich halten würdest, nicht ausreichen würden, um meine Aufgabe zu erfüllen.

Weißt du noch, als du damals operiert wurdest und bei uns geblieben bist? Weißt du noch, wie oft wir zusammen waren und dass du dann beinahe keine Schmerzen mehr hattest? Diese Momente waren wunderbar für mich, denn jetzt konnte ich das tun, wofür ich hierhergekommen war.

Vielleicht habe ich manchmal die Konfrontation gesucht, war zu selbstständig, doch da gab es ja auch noch Hippie, um dich wieder zu verbinden mit der bedingungslosen Liebe. Ich kam, um Informationen zu übertragen – das ist etwas anderes, es fühlt sich anders an.

Jetzt bist du wirklich bereit, um mich zu empfangen. Mein Tod war meine einzige Möglichkeit, um bei dir zu sein. Und ich bin nicht traurig. Sei du es auch nicht. Ich kann jetzt wieder das tun, wozu ich zu dir gekommen bin: bei dir sein. Und ich bin frei, ich habe den Platz, den ich brauche.

Träume, dass du mich wieder streichelst – dann bin dir ganz nahe. Ich nähre dich und indem du alle Botschaften zulässt, gibst du mir die Zuversicht, dass ich das Richtige tue. Besuche Hippie und deine Mutter öfter als früher. Das ist gut für dich.

Ich liebe dich bis in die Unendlichkeit. Lola“

Tränen der Rührung liefen mir über die Wangen. Lola war mir plötzlich ganz nahe, ich fühlte sie auf meiner Brust – so nahe, wie nur sie sein konnte. Ich stand auf, tauchte ins Meer ein und dankte ihr für alles: dafür, wer sie war, wer sie ist und für diese wunderbare Mitteilung. Alle Puzzleteile fügten sich nun zusammen. Die Katze, die mich angesehen hatte; der Traum, in dem ich meine Mutter gesehen hatte; die Katzenhaare auf dem Verdeck: All dies waren Zeichen von meiner geliebten Lola!

Im Auto gab mir nach einer kurzen Strecke eine innere Stimme den Hinweis, das Radio einzuschalten. Lola würde mir noch ein Zeichen geben. Das Lied „Home" von Chris Daughtry erklang in diesem Moment im Radio:

I don't regret this life I chose for me.
I'm going home.
Be careful what you wish for,
Cause you just might get it all.
You just might get it all,
And then some you don't want.[*]

Zu Hause erzählte ich Roy von meiner Begegnung mit Lola und er bat mich: „Schreib die Geschichte in unser Buch, sie ist so schön, so rührend. Vielleicht kann sie anderen Menschen ein Trost sein, sie inspirie-

---

[*] Deutsch: „Ich bereue dieses Leben, das ich mir ausgesucht habe, nicht.
Ich gehe nach Hause.
Sei vorsichtig mit deinen Wünschen,
Denn sie könnten alle in Erfüllung gehen,
Du könntest alles bekommen.
Und es könnte sein, dass dir manches dann nicht gefällt."

ren in dem Wissen, dass das Ende kein Ende ist und das Loslassen untrennbar verbunden ist mit dem Leben."

Und so geht nun auch unser sehr persönliches kleines Buch von unserer Traumreise dem Ende entgegen. Wer weiß, vielleicht treffe ich Sie, liebe Leserinnen und Leser, einmal in einem Traum. Ich möchte Ihnen danken dafür, dass Sie mich ein Stückchen auf dieser Reise begleitet haben. Ich hoffe, dass unser Buch Sie inspiriert, dass es Sie motiviert aufzuwachen, sofern Sie in dieser Illusion schlafen, die so echt zu sein scheint.

Die Reise geht weiter

Mayanas Traumreise zu Lola erinnerte mich an die Zeit, als ich meinen Hund verlor … ich war sechs Jahre alt. Er war mein bester Freund gewesen, ein großer Schäferhund. „Wölfchen", so hatte ich ihn genannt. Eines Tages ging er aus meinem Leben. Tagelang habe ich um ihn geweint und seitdem fühle ich in meinen einsamen Momenten seine Anwesenheit.

Er ist regelmäßig bei mir. Oft träume ich, dass wir zusammen durch den Regen laufen, wie wir das in unseren gemeinsamen Jahren hier auf Erden gern getan hatten. Im Traum sehe ich, wie sehr er sich freute, wenn ich nach Hause kam. Jetzt, während ich diese Zeilen schreibe, ist Wölfchen wieder hier. Er liegt zu meinen Füßen, ein Auge geschlossen, eines offen – so schaut er mich an, um mich wissen zu lassen, dass er bei mir ist.

Mit meiner Großmutter, die diese Erde zwei Jahre nach Wölfchen für immer verließ, geht es mir ähnlich. Auch sie ist stets bei mir und kann manchmal richtig böse werden: wenn ich nicht gut auf mich achte, wenn ich zu schnell mit dem Auto fahre und mich oder andere Menschen in Gefahr bringe. Sie warnt mich sogar vor Menschen, die mein Vertrauen ausnutzen wollen. Wenn ich meine Großmutter in meinen Träumen treffe, sehe ich, wie sie mich als kleinen Jungen im Arm hält; ich trinke mein Fläschchen und habe dabei ein Auge offen, um sie zu sehen, und eines geschlossen, weil ich so glücklich bin.

Das Leben ist schnell und langsam, großartig und furchtbar, zu kurz und zu lang, unsere Träume jedoch sind unendlich; wir können sie nutzen, wann es uns gefällt. Wenn ich diesen Körper verlasse, werde ich an einem anderen Ort weiterträumen. Dann träume ich, dass ich gelebt habe. Ich werde oft von den guten und den unangenehmen Dingen träumen, von meinen Abenteuern und Erlebnissen. Dies und noch viel mehr werde ich ewig weiterträumen.

Ich hoffe, dass *Mein kleines Buch vom Träumen*, das Mayana und ich mit Freude geschrieben haben und das uns sehr viel gegeben hat, auch Sie dazu inspirieren wird, bei Tag oder Nacht mehr zu träumen.

Ich bin ein Tagträumer, Mayana eine Nachtträumerin. So ergänzen wir uns gegenseitig. Am Morgen erzählt sie mir ihre Träume aus der Nacht und wir sprechen darüber. Ich erzähle ihr dann meine Tagträume. So stärken und vertiefen wir unser Leben und unsere Beziehung.

Denken Sie immer daran: Worauf Sie Ihre Aufmerksamkeit richten, das wächst; was Sie ignorieren, stirbt ab.

In diesem Sinne wünsche ich Ihnen viele gute Träume.

Dank

Wir danken unseren Eltern und deren Eltern, die es uns erst erlaubt haben, dieses Leben zu träumen. Unser besonderer Dank gilt Ralf und Hans für ihre liebevolle Unterstützung, ihre Ideen und ihre unendliche Geduld. Tanja danken wir für die schönen Zeichnungen und die Übersetzung. Und wir sind all den Träumern dieser Erde dankbar, die uns inspiriert und unterstützt haben … erst durch sie stehen wir da, wo wir heute sind!

„Reite den Wind, er bringt dich zu den Plätzen deiner Träume!"

Mayana und Roy

Literaturempfehlungen

Andrews, Ted: *Die Botschaft der Krafttiere. Was die Geschöpfe uns zu sagen haben*. Lübbe, 2000

Browne, Sylvia: *Das Buch der Träume. Botschaften aus einer anderen Welt.* Goldmann, 2003

Marlo, Morgan: *Traumreisende.* Goldmann, 2000

Martina, Roy: *Von Engeln umgeben. Wie wir die himmlischen Boten in unser Leben einladen und ihre Hilfe bekommen.* Hans-Nietsch-Verlag, 2007

Spoormaker, Victor I.: *Alles over dromen.* Kosmos-Z&K, Utrecht 2003

Weitere Informationen

Mehr über die Arbeit, die Musik, Workshops und Projekte von Mayana finden Sie unter

www.mayana.org

und Informationen über Seminare, Workshops, Bücher und CDs von Roy Martina unter

www.roymartina.de
oder
www.roymartina.com

Bärbel Mohr & Dieter M. Hörner
Der Wunschfänger-Engel
72 Seiten, gebunden,
durchgehend 4-farbig illustriert
Euro 9,90 (D)/sFr. 17,40

ISBN 978-3-934647-62-6

„Bestellungen beim Universum", in eine berührende und inspirierende Geschichte verpackt! In Begleitung der kleinen Karla erfahren wir von ihrem Wunschfänger-Engel, warum manche Wünsche wahr werden und andere nicht, welche Rolle Hindernisse und Herausforderungen bei der Wunscherfüllung spielen u. v. m. Liebevoll gestaltet mit 30 farbigen Illustrationen von Stefan Stutz. Für kleine und große Leser von 8 bis 88 Jahren.

Neale Donald Walsch
Ich bin das Licht!
32 Seiten, gebunden,
Großformat, durchgehend 4-farbig illustriert
Euro 14,90 (D)/sFr. 25,80

ISBN 978-3-929475-89-8

Diese schlichte und dabei so kraftvolle Geschichte möchte Kindern helfen zu verstehen, warum machmal schlimme Dinge geschehen. Sie zeigt auch, dass Gott uns alle auf die gleiche Weise liebt und selbst die Menschen, die wir nicht für unsere Freunde halten, Gottes Engel in Verkleidung sein können und ein Geschenk für uns haben: die Gabe, in Toleranz, Vergebung und Verständnis zu wachsen.

Roy Martina
Von Engeln umgeben
110 Seiten, gebunden,
mit CD in Falttasche, 72 Minuten
Euro 14,90 (D)/sFr. 28,90

ISBN 978-3-939570-04-2

Engel sind hier, um uns zu helfen. Sie wollen uns ihre Liebe und ihr Mitgefühl schenken, uns trösten, aufrichten und inspirieren. Roy Martina ist Engeln viele Male begegnet und vertraut ihnen und ihren Botschaften. Auf unterhaltsame Weise erzählt er von seinen Erlebnissen mit den Himmelsboten. Mit einer geführten Engel-Meditation.